法语情景会话

CONVERSATION
COURANTE EN FRANÇAIS

郭 可 编著

[法] 安托万·里夏尔 审订

·广州·

版权所有　翻印必究

图书在版编目（CIP）数据

法语情景会话=Conversation Courante En Français/ 郭可编著 .—广州：中山大学出版社，2019.5

ISBN 978-7-306-06635-0

I. ①法… II. ①郭… III. ①法语—口语 IV. ①H329.9

中国版本图书馆 CIP 数据核字（2019）第 109002 号

出 版 人：	王天琪
策划编辑：	熊锡源
责任编辑：	熊锡源
封面设计：	曾　婷
责任校对：	周　玢
责任技编：	黄少伟
出版发行：	中山大学出版社
电　　话：	编辑部 020-84111997，84110771
	发行部 020-84111998，84111981，84111160
地　　址：	广州市新港西路 135 号
邮　　编：	510275　　　　　传　真：020-84036565
网　　址：	http://www.zsup.com.cn　Email: zdcbs@mail.sysu.edu.cn
印 刷 者：	佛山市浩文彩色印刷有限公司
规　　格：	787mm×960mm　1/16　11 印张　200 千字
版次印次：	2019 年 5 月第 1 版　2019 年 5 月第 1 次印刷
定　　价：	35.00 元

如发现本书因印装质量影响阅读，请与出版社发行部联系调换

前　言

　　法语被推崇为世界上最动听、最严谨、最典雅、最规范的语言之一。近年来，去法国旅游、留学、经商的中国人越来越多，学习法语、了解法国的历史文化及现状已经成为一种时尚和现实需要。在学习法语的队伍中，除了本科专业的学生以外，选修法语二外的学生也与日俱增，社会上因工作需要或兴趣爱好而自学法语的更是不计其数。在这种生气勃勃的形势下，《法语情景会话》应广大读者的迫切需要而推出。

　　《法语情景会话》的读者对象为具有初级法语基础的学生。内容以日常生活为主，共分16个主题。每个主题下设情景会话、补充句型、文化链接、参考译文四个板块。初级阶段以后的口语要求我们把谈话的内容引向深入。除了表达方式的优化以外还应该注意内容的深化。因此，本书除了提供会话范例和补充句型以外，还编写了不少文化方面的材料。这些材料既可以作为深入会话的内容，同时又可以作为阅读欣赏或笔头翻译的练习材料，比较符合读者，特别是自学读者的广泛需求。本书会话部分配有精心制作的录音，由法籍老师朗读。

　　然而，本书提供的会话范例只是抛砖引玉罢了，实际交往中思想的表达是变化无穷的。因此，建议读者要特别重视掌握一些常用的表达法，只有这样才可能有所再创造。词汇是语言交流的最小单位，只有牢牢掌握常用词汇的用法，才能打开学好外语的一扇窗。但是，要实现掌握词汇和表达法的目标就必须依靠听、说、读、写、译各种手段。从这个角度说，学习外语的目标和手段是完全统一的。

　　由于作者水平所限、偏颇之处在所难免，恳请广大读者和同行专家批评指正。

TABLE DES MATIÈRES
目 录

UNITÉ 1 LE VISA 1
第一单元 签 证 1

1. La demande de visa　申请签证 1
2. La préparation du visa　签证准备 3
3. La demande d'un titre de séjour　办理留居证 4
Phrases complémentaires　补充句型 6
🔗 Le français　链接：法语 8

UNITÉ 2 LA RÉSERVATION 10
第二单元 预 订 10

1. La réservation de billets d'avion　预订机票 10
2. La consultation pour le voyage　旅行咨询 12
3. La réservation de billets de train　预订火车票 13
Phrases complémentaires　补充句型 15
🔗 La République Française　链接：法兰西共和国 16

UNITÉ 3 LE DÉPART 19
第三单元 出 行 19

1. Avant d'aller à l'aéroport　去机场前 19
2. En taxi　乘出租车 21
3. RER pour aller à la Défense　乘 RER 到拉德芳斯 24

I

Phrases complémentaires 补充句型	25
🔗 Le Québec 链接：魁北克省	27

UNITÉ 4 L'EMBARQUEMENT 29
第四单元 登　机 29

1. L'arrivée à l'aéroport 到达机场	29
2. La carte d'embarquement 登机牌	30
3. Le vol retardé 航班延误	32
4. Le contrôle de sécurité 安检	33
5. À bord 在机舱内	34
Phrases complémentaires 补充句型	36
🔗 L'Aéroport de Roissy-Charles de Gaulle 链接：鲁瓦西 - 戴高乐机场	38

UNITÉ 5 LA DOUANE 39
第五单元 海　关 39

1. La déclaration 报关	39
2. Le certificat de vaccination 检疫证明	40
3. La recherche des bagages 寻找行李	42
Phrases complémentaires 补充句型	43
🔗 Airbus 链接：空中客车	44
TGV 链接：高速铁路	45

UNITÉ 6 LE VOYAGE 47
第六单元 旅　行 47

1. À l'agence de voyage 旅行社里	47
2. Au pied de la Tour Eiffel 在埃菲尔铁塔下	49
3. Le Bateau Mouche 塞纳河游船	50

4. À la fin du voyage　归期将至　52
Phrases complémentaires　补充句型　54
🔗 Le tourisme en France　链接：法国的旅游业　55

UNITÉ 7　LA VISITE　57
第七单元　访 问　57
1. La rencontre à l'aéroport　接机　57
2. L'accompagnement　陪同　59
3. La conversation professionnelle　会谈　61
Phrases complémentaires　补充句型　63
🔗 Le vin　链接：葡萄酒　64

UNITÉ 8　L'HÉBERGEMENT　67
第八单元　住 宿　67
1. La réservation de chambre　预订房间　67
2. À l'hôtel　下榻酒店　69
3. La location　租房　70
Phrases complémentaires　补充句型　72
🔗 La culture du café　链接：咖啡文化　73

UNITÉ 9　LES REPAS　76
第九单元　餐 饮　76
1. Un bon restaurant　好吃的餐馆　76
2. La commande　点餐　77
3. La formule　套餐　78
Phrases complémentaires　补充句型　80
🔗 La cuisine française　链接：法国大餐　81

UNITÉ 10 LA VIE — 84
第十单元 生 活 — 84

1. La connaissance   相识 — 84
2. Un ami commun   共同的朋友 — 86
3. La causerie   闲聊 — 87
4. Tout seul à la maison   独自在家 — 89

Phrases complémentaires   补充句型 — 90

🔗 Le métro de Paris   链接：巴黎地铁 — 92

UNITÉ 11 LE MÉDECIN — 94
第十一单元 就 医 — 94

1. La consultation   看医生 — 94
2. L'ordonnance   开药方 — 96
3. À la pharmacie   在药店 — 97
4. La médecine sportive   运动医学 — 99

Phrases complémentaires   补充句型 — 101

🔗 L'assurance maladie en France   链接：法国的医疗保险 — 102

UNITÉ 12 LES ACHATS — 104
第十二单元 购 物 — 104

1. Le supermarché chinois   中国超市 — 104
2. Le magasin de prêt à porter   服装店 — 106
3. Les soldes   大减价 — 108
4. Le marché aux puces   跳蚤市场 — 110

Phrases complémentaires   补充句型 — 112

🔗 Le fromage   链接：干酪 — 113

UNITÉ 13 LA BANQUE — 115
第十三单元　银　行 — 115

1. Dans un bureau de change　在兑币点 — 115
2. Dans la banque BNP Parisbas　在巴黎国民银行 — 116
3. Au distributeur automatique　自动取款机前 — 118
Phrases complémentaires　补充句型 — 120
🔗 SMIC　链接：跨行业最低增长工资 — 122

UNITÉ 14 LA POSTE — 124
第十四单元　邮　政 — 124

1. À la poste　去邮局 — 124
2. Une lettre　寄信 — 125
3. Un colis　寄包裹 — 127
4. DHL　特快专递 — 128
Phrases complémentaires　补充句型 — 130
🔗 Le parfum　链接：香水 — 131

UNITÉ 15 L'UNIVERSITÉ — 133
第十五单元　大　学 — 133

1. L'inscription 注册 — 133
2. La rencontre avec le professeur 见到导师 — 134
3. La bibliothèque 图书馆 — 136
4. Les examens 考试 — 138
5. Un entretien 就业面试 — 140
6. La rencontre avec un ancien camarade 老同学见面 — 141
Phrases complémentaires 补充句型 — 143
🔗 Les écoles des élites en France 链接：法国的"精英学校" — 145

UNITÉ 16 LES LOISIRS   **147**
第十六单元　休 闲   **147**
1. La promenade dans Paris　漫步巴黎   147
2. En haut de la Tour Eiffel　在埃菲尔铁塔上   149
3. À la librairie　在书店   151
4. La rétrospective du cinéma　电影展   154
5. Le musée d'Orsay　奥赛博物馆   156
6. Un match de football　足球比赛   158
Phrases complémentaires　补充句型   160
🔗 Le Festival International du Film de Cannes　链接：戛纳国际电影节　162
　 Le Stade Roland Garros　链接：罗兰·加洛斯网球场   162

UNITÉ 1 LE VISA
第一单元 签 证

1. La demande de visa　申请签证

A: Bonjour, Madame! Je m'appelle Li Ming, professeur à l'Université de Beijing. Je viens demander un visa pour aller en France. Voici mes documents.

B: Bonjour, Monsieur Li! Pourriez-vous me dire pourquoi vous allez en France?

A: Parce que j'aimerais me perfectionner en droit.

B: Dans quelle université?

A: Paris VII.

B: Avez-vous apporté la lettre d'admission?

A: Bien sûr, tenez.

B: Est-ce que vous avez une bourse, ou financez-vous vous-même vos études?

A: J'ai obtenu une bourse du gouvernement chinois.

B: Et combien de temps comptez-vous rester à Paris?

A: Deux ans.

B: La bourse est-elle aussi d'une durée de deux ans?

A: Oui.

B: Où allez-vous habiter à Paris?

A: J'habiterai chez un ami qui travaille à Paris. Voilà son attestation d'hébergement, sa facture EDF et son relevé de compte bancaire.

B: C'est parfait. Nous vous informerons dès que le visa sera prêt. Ecrivez clairement vos coordonnées dans le formulaire, s'il vous plaît.

A: D'accord. ... Pourrais-je savoir quand le visa sera prêt?

B: Dans dix jours, normalement.

A: Merci beaucoup, Madame. Au revoir!

B: Au revoir, Monsieur!

A: 您好，女士！我叫李明，是北京大学的老师。我来申请去法国的签证，这是我的材料。

B: 您好，李先生。您能告诉我为什么要去法国吗？

A: 我去进修法律课程。

B: 那么您去哪所大学呢？

A: 巴黎七大。

B: 您的录取通知书带来了吗？

A: 当然，给您。

B: 您有奖学金呢，还是自费读书？

A: 我拿到了中国政府的奖学金。

B: 您计划在巴黎呆多长时间？

A: 两年。

B: 这个政府奖学金也是两年的吗？

A: 对。

B: 在那边您有地方住吗？

A: 我将住在一位朋友家里，他在巴黎工作。这些是他的住宿证明，电费发票和银行存款对账单。

B: 很好。您的签证办好了我们会通知您的。请在表格里写清楚您的联系方式。

A: 好的。……请问签证大约什么时候可以办好？

B: 一般需要 10 个工作日左右。

A: 非常感谢您，女士。再见！

B: 再见！

2. La préparation du visa　签证准备

A: As-tu préparé tous tes documents pour la demande de visa, Xiao Lin?

B: Il ne me manque plus que l'attestation d'accueil que mon mari doit m'envoyer de France.

A: Est-ce que tu les as vérifiés en consultant Internet?

B: Non, pourquoi faire?

A: Sur le site du Consulat français, il y a une liste détaillée des documents indispensables pour la demande de visa.

B: Ah! Je ne connaissais pas ce site et je vais le visiter tout de suite. À vrai dire, je m'inquiète beaucoup.

A: Ne t'inquiète pas trop. Généralement, le visa de visite familiale est plus facile à obtenir que le visa d'étudiant.

B: Je ne sais pas, c'est la première fois que je le demande. J'espère avoir de la chance.

A: Surtout n'oublie pas une autre chose importante : Tous les certificats et attestations soumis doivent impérativement être en français ou en anglais avec le cachet de l'agence de traduction.

B: Mon Dieu! J'avais complètement oublié.

A: Ne t'en fais pas, on a encore du temps. Va vite les préparer!

B: Merci beaucoup pour ta gentillesse et à bientôt.

A: 小林，签证材料准备的怎样了？

B: 不缺什么了，就等着我爱人从法国把接待证明信寄过来了。

A: 你有没有上网去核对一下？

B: 没有，核对什么？

A: 在法国领事馆的网站上，有签证所需材料的详细清单。

A: 啊，我还不知道这个网址呢，我马上就去核对。说真的，我正心里打鼓呢。

B: 不要太担心，通常探亲签证比留学签证更容易拿到。

B: 不知道啊，我是第一次申请，但愿运气好一些。

A: 对了，还有一件重要的事别忘了，所有提交的证明件都需要法语或者英语译文，而且要加盖翻译公司的印章。

B: 天啊，我完全忘记了。

A: 别着急，现在还来得及，赶紧去准备吧。

B: 谢谢你的好意，回头见。

3. La demande d'un titre de séjour　办理留居证

A: Bonjour, Mademoiselle! Je voudrais demander un titre de séjour, voici tous mes documents.

B: Bonjour, Monsieur! C'est un renouvellement?

A: Non, c'est ma première demande de titre de séjour.

B: Vous êtes étudiant?

A: Oui, je fais mes études à Paris VII.

B: Laissez-moi vérifier d'abord, l'attestation d'inscription, l'attestation d'hébergement, la facture EDF, le relevé de compte bancaire, le formulaire rempli… parfait. J'ai aussi besoin de votre passeport et de deux photos d'identité.

A: Voilà mes photos et mon passeport. Pourrais-je garder mon passeport et vous donner seulement la copie?

B: Non, nous avons besoin de votre passeport pour coller le titre de séjour dessus.

A: D'accord.

B: Attendez, Monsieur, vous avez oublié de remplir quelques cases dans le formulaire. Ici, écrivez la date de délivrance de votre passeport et votre profession, s'il vous plaît.

A: Excusez-moi. La date de délivrance est le 10 mai 2015 et je suis étudiant.

B: C'est bien, votre dossier est désormais complet. Prenez le reçu des documents SVP.

A: Merci. Dans combien de temps pourrais-je avoir mon titre de séjour?

B: Dans 15 jours, normalement. Nous vous confirmerons par courrier à l'adresse indiquée dans le formulaire.

A: Merci beaucoup!

B: Je vous en prie!

A: 您好，小姐！我想申请办理居留证，这些是我的材料。

B: 您好，先生！您是想更新居留证吗？

A: 不，我是第一次申请。

B: 您是学生吗？

A: 是的，我在巴黎七大上学。

B: 让我看看您的材料。注册证明、住宿证明、电费发票、银行对账单、填写好的申请表……很好。我还需要您的护照和两张登记照。

A: 这是我的照片和护照。我能保留我的护照而给您护照的复印件吗？

B: 不行，我们必须要您的护照，因为要在上面贴居留证。

A: 好的。

B: 等一下，先生，您漏填了申请表中的几栏。请在这儿填写您护照的签发日期和您的职业。

A: 不好意思。签发日期是 2005 年 5 月 10 日，职业是学生。

B: 好了，材料都齐全了，请拿好申请材料的收据。

A: 谢谢。请问我需要等多长时间才能收到居留证？

B: 一般需要 15 天。我们会按照您在申请表上留的地址把通知邮寄给您。

A: 多谢！

B: 不客气！

Phrases complémentaires 补充句型

1. Est-ce que tu as récupéré ton visa au Consulat? 你去领事馆取签证了吗？
2. Il y a trois jours, j'ai obtenu mon visa touristique. 我三天前就拿到了旅游签证。
3. Avez-vous effectué une réservation? 您拿到预约了吗？
4. Non, comment puis-je effectuer une réservation? 还没有，我怎样才能拿到预约呢？
5. Vous pouvez vous inscrire sur l'Internet. 您可以通过互联网进行注册。
6. Excusez-moi, où se trouve le Bureau d'Administration des Etrangers? 请问，外国人管理处在哪里？
7. La date d'expiration de votre passeport est le 18 juin 2018. 您的护照有效期到 2018 年 6 月 18 日。
8. Vous devez prolonger la validité de votre passeport. 您应该去给护照延期了。
9. Votre visa sera expiré le mois prochain. 您的签证下个月就到期了。

10. J'ai perdu mon passeport, que dois-je faire? 我的护照遗失了，该怎么办？

11. Vous devez aller à l'Ambassade ou au Consulat de Chine en France pour déclarer l'expiration de l'ancien passeport et demander un nouveau passeport. 应该到中国驻法使馆或领事馆申请旧照作废并办理新的护照。

12. Vous avez besoin de remplir le formulaire de demande, de préparer les documents nécessaires et de deux photos d'identité. 您需要填一张签证申请表，并准备好相关材料和两张登记照。

13. Vous devez acheter une assurance de voyage international. 您还需要买一份国际旅行保险。

14. Est-ce que vous avez l'attestation des biens délivrée par la banque? 您有银行开具的财产证明吗？

15. Est-ce que vous apportez le certificat de mariage? 您的婚姻关系公证书带来了吗？

16. Les frais pour le visa sont de 35 euros, payez au guichet 1 avec le formulaire rempli, SVP. 签证费用为 35 欧元，请拿着填写好的申请单到 1 号窗口缴费。

17. Vous pourrez retirer votre visa au guichet 3 dans 10 jours. 您可以 10 天后到 3 号窗口取签证。

18. Avez-vous l'attestation d'accueil? 您有接待证明吗？

19. Vous devez fournir la lettre d'invitation de la société française pour demander un visa de visite commerciale. 申请商务访问签证需要出示法国公司的邀请函。

20. Certains pays de l'Union Européenne ont ouvert le marché touristique aux Chinois. 欧盟中的一些国家向中国开放了旅游市场。

🔗 Le français   链接：法语

Le français est une des langues les plus importantes des langues latines. Il y a 180 millions de francophones dans le monde, 77 millions l'utilisent comme leur langue maternelle. Le français est aussi la langue de travail de certaines organisations internationales et régionales, telles que l'ONU et l'UE.

Au IVe siècle, la Gaule (ancien nom de la France) est occupée par l'Empire Romain, dès lors le latin est devenu populaire en Gaule. Avec l'augmentation de l'immigration romaine, le gaulois et le latin fusionnent et deviennent le « latin vulgaire ». Plus tard, le latin vulgaire mixte avec le langage germanique des Francs entrés en Gaule au cours de la migration des nations. Au VIe et VIIe siècle, le latin vulgaire est devenu un langage composite. La fondation de l'Empire de Charlemagne permet la normalisation du français. C'est en 939, au début du règne des Capétiens, que le français est devenu la langue officielle de la France.

Les serments de Strasbourg, échangés en 842 entre deux petits-fils de Charlemagne, Louis le Germanique et Charles le Chauve, sont généralement considérés comme « le premier monument » de la langue française. Ces textes juridiques de quelques lignes seulement, écrits en langue romane et en langue germanique, sont importants dans l'histoire de la langue. La Cantilène ou Séquence de sainte Eulalie entamée à la fin du IXe siècle est le plus ancien poème de langue française que l'on ait conservé. À l'ère de la Renaissance, certains intellectuels sentent vivement la nécessité d'enrichir la langue française et de développer la culture nationale. C'est notamment le cas de Joachim du Bellay qui rédige La Défense et Illustration de la langue française en 1549. Cette déclaration est non seulement le programme littéraire de la Pléiade, mais aussi la première déclaration de la langue française.

　　法语是拉丁语系中最重要的语言之一。全世界有 7700 万人把法语作为母语，如果加上作为第二语言的人约有 1.8 亿人之多。法语还是联合国、欧盟等重要国际和地区组织的工作语言。

　　公元 4 世纪，罗马帝国统治高卢（法国的旧称），拉丁语开始在高卢流行。随着罗马移民的增加，高卢语与拉丁语融合成为大众拉丁语。后来，大众拉丁语又与随着民族大迁徙进入高卢的讲日耳曼语的法兰克人的语言融合。到公元 6、7 世纪，大众拉丁语发展成为一种混合语。查理曼帝国的建立使得法语开始规范化。从 939 年卡佩王朝开始，法语成为法国的官方语言。

　　法语现存最早的文献是法兰克王国查理曼大帝的两个孙子秃头查理和日耳曼路易在公元 842 年发布的《斯特拉斯堡誓约》，它用罗曼语（法语的前身）和日耳曼语写成，虽只寥寥数语，在语言史上却有着重要的意义。迄今为止所发现的最早的法语文学作品是诗歌《圣女欧拉丽赞歌》，它产生于 9 世纪末。文艺复兴时期，一些有识之士深感丰富法兰西语言和发展民族文化的必要性。在这种背景下，1549 年，由杜贝莱执笔的《保卫和发扬法兰西语言》正式发表。此文既是七星诗社的文学纲领，也是关于法兰西语言的第一部宣言书。

UNITÉ 2 LA RÉSERVATION

第二单元　预　订

1. La réservation des billets d'avion　预订机票

A: Agence de voyage Panda, bonjour!

B: Bonjour! Je voudrais réserver un billet d'avion.

A: Allez-y, je vous écoute.

B: J'aimerais réserver un billet aller-retour de Beijing à Paris avec un retour dans trois mois, en classe économique. Pourriez-vous me renseigner sur les tarifs?

A: Quand désirez-vous partir?

B: Le 22 de ce mois.

A: Deux minutes SVP… Voici les différents prix selon les compagnies et sans compter la taxe d'essence : Air France 7600 yuans, China Eastern 6200 yuans, Air China 6300 yuans.

B: Euh, bien, et pour chaque passager, quel est le poids autorisé en soute?

A: Air France 20 kg, China Eastern 30 kg, Air China 50 kg.

B: Et alors, je préfèrerais voyager sur la China Eastern.

A: Bien. Nous confirmons dès maintenant : pour un départ le 22 mai sur le vol MU 8615, en classe économique et un retour trois mois plus tard, le retour sera en billet open. Comment vous appelez-vous?

B: Li Ming, L-I-M-I-N-G.

A: Le billet aller-retour coûte 6200 yuans, auxquels il faut ajouter 1024 yuans de taxe d'essence : soit un total de 7224 yuans.

B: A quelle date dois-je régler ce billet au plus tard?

A: Le 15 mai au plus tard, sinon, nous serons obligés de l'annuler.

B: OK.

A: 熊猫旅行社，您好！

B: 您好！我想订机票。

A: 请讲，我听着了。

B: 我想订一张北京至巴黎经济舱3个月内的往返机票。请问报价是多少？

A: 您打算什么时候出发？

B: 本月22号。

A: 稍等。……这里有几个公司的报价，都不含燃油税，法航7600元，东航6200元，国航6300元。

B: 呃，好的，顺便问一下，每位乘客可以免费托运多少公斤的行李？

A: 法航20公斤，东航30公斤，国航50公斤。

B: 好吧，我还是要一张东航的。

A: 现在我给您确认一下，5月22日MU-8615航班，经济舱，三个月内往返，返回日期可自定。请问您贵姓？

B: 李明，L-I-M-I-N-G。

A: 票价是6200元人民币，另外加1024元的燃油税，一共是7224元。

B: 我最迟几号出票？

A: 最迟5月15日，否则我们只能取消了。

B: 好的。

2. La consultation pour le voyage 旅行咨询

A: Bonjour! Je compte passer le week-end avec ma copine dans le val de Loire. Pourriez-vous me donner quelques suggestions?

B: Volontiers. Quand partez-vous?

A: Dans deux semaines, c'est-à-dire le dernier week-end du mois.

B: Je vous recommande le voyage de 2 jours château-forêt du val de la Loire, à 186 euros par personne.

A: Laissez-moi regarder le projet. Ce prix comprend quels services?

B: L'autocar, l'hébergement, les repas et les billets. Tout est compris. Vous montez dans le bus et vous ne vous faites plus de soucis!

A: Ce me paraît intéressant. Pourriez-vous me le présenter plus en détail?

B: Regardez cette carte, SVP. Nous partons de Paris le samedi matin, et le premier arrêt est le château de Chenonceau, dans lequel une visite est prévue ainsi qu'une ballade dans le parc. Ensuite, on repart pour le château de Chambord et on s'y installe pour la nuit. Le lendemain on va directement à Orléans faire un tour de la ville, et enfin après le déjeuner on rentre à Paris.

A: Pas mal. Où passons-nous la nuit?

B: Dans un château du Moyen Âge où l'on peut goûter de la viande de gibiers.

A: Très bien, mais je vais réfléchir un peu et je vous téléphonerai le plus tôt possible.

B: Bon, voici ma carte de visite.

A: 下午好！我计划和女朋友周末去卢瓦尔河谷旅行，您是否可以给我一些建议？

B: 我很愿意为您效劳。你们打算何时出发？

A: 再过两个星期，就是本月的最后一个周末。

B: 好的，我向您推荐卢瓦尔河城堡 - 森林 2 日游，每个人 186 欧元。

A: 让我来看看旅行计划。这个价格包括哪些内容？

B: 包括交通大巴，食宿和门票，所有的都包括。你们需要做的就是上车，其他方面不需要有任何的担忧！

A: 听起来不错，您能再详细地介绍一下吗？

B: 请看这幅地图。我们周六早晨从巴黎出发。第一站是舍农索，按计划参观城堡，并到附近的公园散步，然后出发赴香波堡，晚上在那儿过夜，第二天我们直奔奥尔良，在城中转一转，午餐后启程回巴黎。

A: 不错，我们住在哪家酒店？

B: 住在非常有特色的中世纪的城堡旅店，还会品尝有地方特色的野味。

A: 很好，但我还要再考虑一下，我会尽快给您打电话。

B: 好的，这是我的名片。

3. La réservation de billets de train 预订火车票

A: Bonjour, Madame.

B: Bonjour, Monsieur. Que puis-je faire pour vous?

A: Je voudrais réserver deux billets de TGV pour Marseille.

B: À quelle date?

A: Après demain, le 25 août, en début d'après-midi si cela est possible.

B: Il y a encore des places pour le TGV de 13h45. Cela vous convient-il?

A: Oui, c'est très bien. Pourrais-je en avoir deux s'il vous plaît? J'aimerais également acheter deux billets couchettes à destination de Bordeaux à partir de Marseille le 26 au soir. Pourriez-vous me donner les horaires?

B: Il y a un train à 22h. Cela vous convient-il?

A: Très bien.

B: Avez-vous également besoin d'une réservation d'hôtel pour Marseille?

A: Oui, s'il vous plaît. J'aimerais une chambre simple à l'hôtel Mercure au nom de Charles Harmin, ainsi qu'une chambre pour Alain Simon le même jour.

B: D'accord. Je m'occupe de la confirmation ce matin. Comment désirez-vous payer, en liquide ou par chèque?

A: Par chèque, c'est plus pratique.

A: 您好，女士。

B: 您好，先生。我可以为您做些什么？

A: 我想预定两张去马赛的TGV车票。

B: 哪一天的？

A: 后天，就是8月25日，最好是下午第一趟车，如果可能的话。

B: 下午1:45有一趟开往马赛的快速列车，您觉得可以吗？

A: 很好，请给两张好吗？另外，我还要两张8月26日晚上从马赛去波尔多的卧铺票。您能告诉我时间吗？

B: 晚上10点有一趟车，您觉得怎样？

A: 很好。

B: 您在马赛需要预订酒店吗？

A: 要的，我需要一个单人间，在夏尔·阿尔曼名下，美居酒店。另外再为阿兰·西蒙预订一间，同一天入住。

B: 好的。今天上午我就会给您确定的。您希望怎样付款，现金还是支票？

A: 支票，这样比较方便。

Phrases complémentaires 补充句型

1. Donnez-moi la clé de la chambre 2018, s'il vous plaît. 请把房间的钥匙给我，2018 号房。
2. Pourriez-vous emporter ce tas de linge à la blanchisserie? 您可以帮我把这些衣服送到洗衣房吗？
3. Je voudrais laisser un message à Monsieur Robert Gérard. 我想给罗贝尔·杰拉尔先生留个言。
4. Pourriez-vous garder ces valises et je reviendrai les récupérer lundi prochain. 请帮忙保管这些箱子可以吗？我下周一回来取。
5. Vous devez prendre ces bagages avant 8 heures du soir. 您必须在晚上 8 点以前取走行李。
6. Vous pouvez signer l'addition, vous n'avez pas à payer tout de suite. 您可以签单，无须马上付款。
7. Donnez-moi la facture, s'il vous plaît. 请把发票给我。
8. Excusez-moi, avez-vous une chambre libre? 打搅一下，请问有空房间吗？
9. Je veux réserver deux chambres, une simple et une double. 我想订两个房间，一个单人间，一个双人间。
10. C'est le prix en haute saison. 这个是旅游旺季的价格。
11. Maintenant, je voudrais confirmer les deux suites préalablement réservées. 现在我想确认预订的两个套间。
12. Combien de jours voulez-vous réserver? 您打算住几天？
13. Je voudrais réserver pour une semaine, du 8 au 14 novembre. 我想预订一周，11 月 8 日至 14 日。
14. Je recherche un petit hôtel, vous en connaissez un près d'ici? 我想找个小旅馆，您知道这附近有没有？

15. Pardon, toutes les chambres sont occupées. 对不起，所有的房间都客满了。
16. La chaudière de la chambre est en panne, pourriez-vous venir la réparer? 我房间的热水器坏了，能帮忙修理一下吗？
17. Je veux changer la date de départ de mon vol, qu'est-ce que je dois faire? 我需要改一下机票的出发日期，怎么办理？
18. Vous devez aller à l'agence de la compagnie aérienne et payer 50 euros de frais de modification. 您需要去航空公司的办事处更改，并支付 50 欧元的费用。
19. Puis-je payer avec ma carte VISA? 我可以用 VISA 卡支付吗？
20. M. Martin a annulé son projet de voyage. 马丹先生取消了旅行计划。

🔗 La République Française   链接：法兰西共和国

　　La République Française (La France), située à l'ouest du continent européen, occupe une superficie de 551 602 km^2, et sa population est de 67,79 millions d'habitants (d'après le statistique du mois de janvier 2018). La France est divisée administrativement en 22 régions qui comprennent au total 96 départements, 4 départements d'outre-mer (DOM) et 4 territoires d'outre-mer (TOM). L'hymne français est la Marseillaise, et son drapeau national est le drapeau tricolore : Bleu, Blanc, Rouge. La fête nationale française est fixée au 14 juillet, le jour de la prise de Bastille en 1789, pour commémorer la Révolution Française.

　　La France a une forme d'hexagone avec trois côtés maritimes et trois côtés terrestres. Les plaines et les bassins occupent 2/3 du territoire français, et les montagnes se trouvent surtout au sud-est (les Alpes), au sud-ouest (les Pyrénées) et à l'est (le Jura). Le Mont Blanc vers la frontière franco-italienne est le plus haut sommet d'Europe avec son altitude de 4807m. Plusieurs fleuves arrosent le territoire français, dont les plus importants sont la Loire, le Rhône et la Seine. Son emplacement dans la zone tempérée de l'hémisphère Nord et son climat océanique lui donne des hivers assez doux et des étés relativement frais, et des pluies fréquentes toute l'année. Cependant le climat du sud est plutôt méditerranéen.

La France, pays capitaliste très développé dans le domaine industriel et agricole a un PIB (Produit Intérieur Brut) parmi les plus élevées du monde. Ses principaux secteurs industriels sont la métallurgie, la sidérurgie, les automobiles, la construction, l'aviation, la chimie, l'électricité, le textile, le luxe et les aliments etc., et les secteurs comme l'énergie nucléaire, la chimie pétrolière, l'exploitation maritime et l'aviation pèsent de plus en plus lourd avec leurs développements rapides depuis ces dernières années. La France est aussi le plus grand producteur agricole de l'Union Européenne avec une production qui représente 1/3 de celle de l'Europe. Elle est aussi un exporteur important des produits agricoles au niveau mondial. D'ailleurs, étant la première destination touristique du monde, la France développe en même temps les secteurs des services.

Paris, capitale de la France, est le centre politique, économique, culturel et éducationnel du pays. Elle rassemble 1/5 de population et représente 1/5 de PIB du pays. Paris est aussi une ville internationale très importante, où se trouvent les sièges des organisations internationales, tels que l'UNESCO (Organisation des Nations Unies pour l'éducation, la science et la culture), et où ont lieu chaque année des réunions et expositions internationales innombrables. Comme « capitale romantique » et

« capitale de la mode », Paris attire des dizaines de millions de touristes étrangers chaque année. Lyon, la deuxième ville française, se trouve sur le Rhône. Les industries textile, chimique et pharmaceutique sont les principaux secteurs industriels. Marseille est un port maritime au bord de la Méditerranée, et aussi le centre de la construction navale de la France.

　　法兰西共和国（简称法国）位于欧洲大陆西部，面积551602平方公里，人口6779万（2018年1月统计）。法国行政上共划为22个大区、96个省，4个海外省和4个海外领地。法国的国歌是《马赛曲》，国旗是蓝白红三色旗，7月14日为法国国庆日，1789年的这一天巴黎人民攻克了巴士底狱，以此来纪念法国大革命。

　　法国版图呈六边形，三面临海，平原和盆地占国土总面积的2/3，山脉主要分布在东南部（阿尔卑斯山脉）、西南（比利牛斯山脉）和东部（汝拉山脉）。法意边境的勃朗峰海拔4807米，是欧洲最高峰。法国境内河流众多，主要有卢瓦尔河、罗讷河、塞纳河等。法国地处北温带，以海洋性气候为主，夏季不热，冬季不冷，全年降水量比较平均，南部属地中海式气候。

　　法国是工农业都很发达的资本主义国家，国民生产总值居世界前列。法国的主要工业部门有冶金、钢铁、汽车、建筑、航空、化学、电气、纺织、奢侈品、食品等，其中核能、石油化工、海洋开发、飞机制造等新兴工业部门近年来发展迅速。法国是欧盟最大的农业生产国，粮食产量占全欧洲的1/3，也是世界重要的农产品出口国。此外，作为世界首屈一指的旅游大国，法国同时还大力发展第三产业。

　　法国首都巴黎，是全国的政治、经济、文化和教育中心，集中了全国1/5的人口和工业产值。巴黎也是重要的国际城市，联合国教科文组织总部就设在这里，每年在此举办的国际会议、国际展览不计其数。巴黎还是闻名遐迩的"浪漫之都""时尚之都"，每年吸引几千万来自世界各地的游客。里昂是法国第二大城市，位于罗讷河畔，主要工业门类有纺织、化工、制药等。马赛是地中海沿岸的重要港口，也是法国的造船业中心。

UNITÉ 3 LE DÉPART
第三单元　出　行

1. Avant d'aller à l'aéroport　去机场前

A: Bonjour, Xiao Li. Je viens d'apprendre que tu vas partir pour Paris demain matin?

B: Oui, car j'ai des choses urgentes à faire dans mon école en France. Je suis obligé de partir plus tôt.

A: Tu as déjà fait tes bagages?

B: Oui, les valises, le visa et le billet d'avion, tout est prêt. Je n'ai plus qu'à prendre l'avion.

A: Alors, je t'emmènerai à l'aéroport demain. Je viens d'acheter une Citroën Picasso.

B: C'est très gentil. Mais si tu es très occupé, ce n'est pas la peine de m'accompagner.

A: Comment puis-je laisser partir mon meilleur ami sans lui dire au revoir? D'ailleurs, si tu as besoin d'un coup de main, je pourrai t'aider.

B: Très bien! Merci beaucoup.

A: De rien.

B: Je me rappelle que tu m'as dit que tu irais voyager en Europe, quand est-ce que tu pars?

A: Je ne peux pas encore te le préciser, entre juillet et août, peut-être. Je prendrai contact avec toi dès mon arrivée en France. À quelle heure est ton vol?

B: Onze heures moins dix. Il me faut arriver à l'aéroport à huit heures et demie, car pour les vols internationaux, il faut être sur place au moins deux heures à l'avance. Il faut compter 40 minutes de chez moi à l'aéroport, et même plus s'il y a des embouteillages.

A: Avec quelle compagnie voyages-tu?

B: Air France.

A: C'est un bon choix. Le service d'Air France est excellent, les repas ne sont pas mal. C'est la première fois que tu vas en France?

B: Oui. Et c'est aussi la première fois que je vais faire un si long trajet.

A: Ne t'en fais pas. Je suis allé en France l'année dernière. Malgré la longueur du trajet, je me sentais bien. La difficulté pour moi fût de récupérer du décalage horaire après mon arrivée à Paris.

B: C'est vrai. Cela a l'air désagréable.

A: Bien, je te laisse. Il vaut mieux que tu vérifies toutes les affaires, et que tu te couches plus tôt. Je te prendrai à 7h30 demain matin.

B: Bon, d'accord. À demain!

A: À demain!

A: 你好，小李。我刚刚听说你明天早上要去巴黎？

B: 是的，因为我在法国的学校有些急事要办，所以不得不早点出发了。

A: 行李都准备好了吗？

B: 都准备好了，行李、签证和机票，就等着上飞机了。

A: 那好，明天我送你去机场。我刚买了一辆雪铁龙毕加索。

B: 啊，你太客气了，但是如果你很忙的话，就不用了。

A: 我最好的朋友要出远门了，我怎么能不跟他道个别呢！而且万一你需要帮忙的话，我还能帮你一把呢。

B: 那太好了，谢谢你！

A: 不用客气。

B: 我记得你跟我说过要去欧洲旅行，你什么时候去呀？

A: 时间还没定，也许 7、8 月间吧，到了法国我会跟你联系的。对了，你明天是几点的飞机？

B: 上午 10 点 50 分。我必须在 8 点半左右赶到机场，因为是国际航班，要提前至少 2 个小时。从我家到机场驱车大约 40 分钟，如果交通拥挤的话会需要更多时间。

A: 你乘坐哪家航空公司的飞机？

B: 法航。

A: 你的选择不错。法航的服务很好，吃得也不错。你是第一次去法国吗？

B: 是的，也是第一次进行这么长的旅行。

A: 别担心。去年我也去过法国，虽然旅途很长但很舒适。对我来说，困难的是到了巴黎以后要倒时差。

B: 是的，倒时差的滋味不好受。

A: 好了，现在我得走了。你最好再查看一下东西都带齐了没有，晚上早点休息。我明天上午 7 点半来接你。

B: 好的，明天见！

A: 明天见！

2. En taxi 乘出租车

A: Taxi!

B: Bonjour, Madame. Où allez-vous?

A: Bonjour, Monsieur, Cité universitaire de Paris SVP.

B: Bien. Des bagages, c'est tout?

A: Oui, une grande valise et une petite.

B: Je vais les mettre dans le coffre. Veuillez monter dans la voiture!

A: Merci.

……

A: Combien de temps faut-il compter d'ici à la Cité U[1]?

B: Une heure à peu près. Ça dépend encore des conditions de transport.

A: Et combien cela me coûtera environ?

B: Vous payerez le montant affiché sur le compteur. Ça devrait faire coûter environ 50 euros.

A: Désolée de vous poser tant de questions. C'est la première fois que je viens à Paris, et je ne connais pas beaucoup cette ville.

B: Pas de problème. D'où venez-vous? Vous êtes Coréenne?

A: Non, je viens de Beijing, en Chine.

B: Je suis curieux de savoir comment distinguer les Chinois des Coréens?

A: Pour nous, c'est facile. Mais pour vous, c'est un peu difficile. De même c'est difficile pour nous de distinguer les européens entre eux.

B: C'est la même chose enfin!

A: Nous arrivons déjà? Ces immeubles ressemblent beaucoup aux bâtiments de la Cité U, je les ai vus sur les photos.

B: Non, pas encore, mais nous sommes tout près. (5 minutes après) Voilà nous y sommes.

A: Combien je vous dois?

B: 55 euros.

A: Tenez, merci beaucoup!

B: De rien, bonne chance! Au revoir!

---

1 Cité Uiversitaire 大学城。

A: 出租车！

B: 您好，女士。您要去哪？

A: 您好，先生。我去巴黎大学城。

B: 您的行李就这些吗？

A: 是的，一个大箱子，一个手提箱。

B: 我把行李放进后备箱。您上车吧！

A: 好的，谢谢。

……

A: 到大学城需要多长时间啊？

B: 差不多一个小时吧，这要看交通情况了。

A: 到这个地方大约需要多少钱呢？

B: 您按计价器显示的金额付费。据我的经验，大约为 50 欧元。

A: 很抱歉问您这么多问题。这是我第一次来巴黎，对这里还不了解。

B: 没关系。您是哪国人？是韩国人吗？

A: 不，我来自中国的北京。

B: 我想问一下，怎样才能区分中国人和韩国人呢？

A: 对我们来说很容易，但对你们来说可能有点难，同样对于我们来说也很难区分欧洲人。

B: 这么说来是一回事！

A: 我们到了吗？这些建筑看上去很像大学城，我在照片上看见过。

B: 不，还没到，但已经很近了。（五分钟后……）现在我们到了。

A: 该付多少啊？

B: 55 欧元。

A: 给您，谢谢！

B: 不客气，祝您好运！再见！

3. RER[1] pour aller à la Défense 乘 RER 到拉德芳斯

(À l'aéroport de Charles de Gaulle, Li Ming vient de débarquer.)

A: Excusez-moi, Mademoiselle. Pourriez-vous me dire quel est le moyen de transport le plus rapide et le moins cher pour aller à la Défense?

B: Vous pouvez prendre le RER. Prenez cette sortie et allez tout droit pendant 20 mètres, et à gauche vous trouverez la ligne B du RER. Ensuite, vous changez à Châtelet pour la ligne A, ou la ligne 1 du métro. Les deux lignes vous emmèneront à la Défense.

A: Pourriez-vous le redire SVP, je n'ai pas bien saisi.

B: D'accord, je vous le répète. D'abord, vous prenez la ligne B de RER jusqu'à Châtelet, puis vous avez la correspondance en prenant la ligne A ou la ligne 1 du métro en direction de la Défense. Tenez, prenez cette carte du RER, sur laquelle sont indiquées clairement toutes les stations. Vous pouvez la regarder.

A: Merci.

B: Je vous en prie.

A: Combien ça coûte?

B: La carte est gratuite, le ticket lui est à 8 euros. Et avec ce ticket, vous pouvez aussi prendre le métro.

A: Et il me faut combien de temps?

B: Une heure à peu près.

A: C'est bien. Quand part le train?

B: Dans 5 minutes.

A: Je dois me dépêcher. Merci et au revoir!

---

1 Réseau Express Régional 巴黎全区快速铁路网

B: De rien, au revoir!

（在戴高乐机场，李明刚下飞机。）

A: 打搅一下，小姐，您能告诉我怎样去拉德芳斯既快又省钱吗？

B: 乘坐 RER，您从那个出口出去直行 20 米左右，在您左边会看到 RER 的 B 线，然后，您在夏特莱转乘 A 线，或者地铁 1 号线，都可以到拉德芳斯。

A: 请您重复一遍好吗？我听得不是很明白。

B: 好的，我再给您重复一遍。首先，您乘坐 RER 的 B 线，到夏特莱站下，再转乘开往拉德芳斯的 A 线或者地铁 1 号线就可以到了。给您一张 RER 的指示图，上面都标清了站名，您可以参考。

A: 谢谢。

B: 不客气。

A: 多少钱？

B: 地图免费，车票 8 欧元一张。凭着这张票，您也可以乘坐地铁。

A: 那么需要多长时间呢？

B: 大约一个小时。

A: 太好了，请问火车什么时候开？

B: 5 分钟以后。

A: 我得快点了。谢谢，再见！

B: 不客气，再见！

Phrases complémentaires　补充句型

1. Excusez-moi, Monsieur. Pourriez-vous appeler un taxi pour moi? 打搅一下，先生，您能帮我叫辆出租车吗？

2. Combien de temps faut-il compter d'ici à la gare? 从这里到车站要多少

时间？

3. Mais que puis-je faire contre de tels embouteillages! 这么拥挤的交通我有什么办法！

4. Où puis-je prendre l'autobus pour aller à l'aéroport? 哪里可以乘坐去机场的大巴？

5. D'après les Parisiens, le métro est le moyen de transport le plus pratique. 在巴黎人看来，地铁是最方便的交通工具。

6. La station Châtelet est la plus grande station de correspondance du métro parisien. 夏特莱站是巴黎地铁最大的转乘站。

7. Pour aller à Notre-Dame, il faut prendre la ligne 4. C'est aussi la première ligne qui traverse la Seine. 去巴黎圣母院要乘坐地铁四号线，四号线也是第一条穿越塞纳河的地铁线。

8. Il faut moins de deux heures en TGV pour relier Paris à Lyon. 从巴黎到里昂乘坐高速列车不到两个小时。

9. Je n'ai rien d'autre qu'un sac à main. 我只有一个手袋，没有其它行李。

10. Il faut réserver à l'avance les tickets de TGV. 高速列车的车票必须提前预订。

11. Il vaut mieux que tu prennes un parapluie, il pleut souvent à Paris en hiver. 出门最好带把伞，巴黎的冬天雨水很多。

12. Quand j'étais au lycée, j'allais souvent au jardin de Beihai avec le trolleybus 103. 上中学的时候，我常常乘坐103路电车去北海公园玩。

13. Le week-end dernier, Charles a fait une excursion à vélo avec ses copains. 上周末，夏尔和伙伴们骑车去郊游了。

14. On dit qu'il faut découvrir une ville à pied, êtes-vous d'accord? 有人说，发现一个城市应该用脚，您同意吗？

15. As-tu pris le tramway de Paris? 你乘坐过巴黎的有轨电车吗？

16. Actuellement, on n'arrive pas à solutionner le problème de transport terrible qui sévit à Beijing. 在目前情况下，还无法根本解决北京日益严

重的交通问题。

17. À Paris, on achète souvent une « carte Navigo », qui est une carte mensuelle ou hebdomadaire du métro. 在巴黎，人们常常购买一种被称为"地铁卡"的地铁月票或周票。

18. Un certain nombre de grandes villes interdisent le transport à moto dans le centre ville. 一些大城市规定禁止在市中心骑摩托车。

19. J'ai emprunté la nouvelle Peugeot sportive d'Antoine pour prendre ma petite amie. 我借了安托万的新标志跑车去接女朋友。

20. Jacques a acheté une Renault d'occasion verte. 雅克买了一辆二手的绿色雷诺车。

Le Québec   链接：魁北克省

　　Le Québec est une province canadienne, dont la superficie est de 1 540 680 km^2, soit 1/5 de la superficie du Canada. Sa population est de 7,33 millions d'habitants, dont 80% est d'origine française. Le Québec est le centre de la culture française en Amérique du Nord, et la seule province qui utilise le français comme langue officielle. Le Québec partage au sud sa frontière avec les États-Unis. La plupart de sa population habitent dans la vallée du fleuve Saint-Laurent. Couverte par la forêt dans une moitié de son territoire, il ne manque pas du tout de sens romantique au Québec, surtout en automne quand les feuilles d'érables sont devenues rouges.

　　Montréal, métropole de la province du Québec, est la deuxième ville du Canada, et le plus grand port maritime national et un centre financier, commercial et industriel. On appelle aussi Montréal « le petit Paris », parce que plus de 60% de ses habitants sont d'origine française. Presque toutes les indications routières et les enseignes des magasins sont écrites en français, on s'y sent bien sûr comme en France.

　　加拿大魁北克省（简称魁省），面积 1 540 680 平方公里，约占加拿大国土总面积的 1/5。人口 733 万，其中 80% 为法国后裔。魁北克是北美的法国文化中心，也是加拿大唯一以法语为官方语言的省份。魁北克南部边界和美国相接，绝大部分的人口分布在圣劳伦斯河沿岸地区。魁北克省的土地约一半被森林覆盖，秋季，当满山枫叶红了的时候，放眼看去，有着说不尽的浪漫"枫"情。

　　魁北克省的中心城市蒙特利尔是加拿大第二大城市，也是全国最大的海港和金融、商业、工业中心。由于蒙特利尔的居民中 60% 以上是法国人后裔，因此号称"小巴黎"。无论是街上的道路标志还是商店的招牌多用法文书写，到处充满着浓厚的法国情调。

UNITÉ 4 L'EMBARQUEMENT
第四单元 登 机

1. L'arrivée à l'aéroport   到达机场

A: Est-ce que nous n'arrivons pas un peu tôt?

B: Pas du tout. L'enregistrement pour les vols internationaux commence plus tôt, et les formalités sont plus compliquées.

A: Où est notre comptoir d'enregistrement?

B: Laisse-moi chercher dans la liste des vols au départ. Voilà, les comptoirs d'enregistrement sont ceux du C8 au C12.

A: Doit-on s'enregistrer maintenant?

B: Non. Je vais d'abord acheter les assurances de voyages de l'autre côté de la salle.

A: C'est loin?

B: Non, mais je préfère que tu restes ici avec les bagages, et je reviens tout de suite. Donne-moi ton passeport et ton billet, s'il te plaît.

A: Tiens!

……

B: Ça y est, ma chérie. Nous pouvons nous enregistrer maintenant. Faisons la queue ici.

A: Pourquoi pas celle-là? Il n'y a que deux personnes devant le comptoir.

B: Mais c'est le comptoir des passagers avec des billets en classes d'affaires. Nous devons rester avec les passagers de la classe économique.

A: 咱们来得太早了吧！
B: 一点不早。国际航班检票时间比较早，手续也麻烦一些。
A: 我们的登机柜台在哪里？
B: 让我在出发航班时刻表里找一下。在那儿，C8 到 C12 柜台。
A: 我们现在就去办理登机手续吗？
B: 我先去买旅行保险，在大厅的另外一头。
A: 远吗？
B: 不远。你就留在这里看着行李，我一会儿就回来。把你的护照和机票给我。
A: 好的，给你！
……
B: 好了，亲爱的。我们现在可以去办理登机手续了。我们在这里排队。
A: 为什么不去那边呢？那个柜台前面只有两个人。
B: 那是商务舱乘客的专用柜台，我们应该排在经济舱乘客这一列。

2. La carte d'embarquement 登机牌

A: Bonjour!
B: Bonjour! Montrez-moi votre passeport et votre billet, SVP.
A: Les voici.
B: Veuillez poser vos bagages SVP.
A: Cette valise et ce sac, c'est tout.
B: La valise pèse 22 kg, elle dépasse un peu le poids admissible. Le sac,

6 kg. ... Ok, ça peut aller. ...Vous voulez une place près du hublot ou près du couloir?

A: Je préfère celle près du hublot, si c'est possible.

B: Vous fumez?

A: Non, jamais.

B: Tenez, voici votre carte d'embarquement, et gardez bien votre passeport et votre billet SVP.

A: Merci. Puis-je embarquer maintenant?

B: Il vous faut d'abord passer par le contrôle de sécurité, la douane, puis vous pouvez attendre l'embarquement dans la salle d'attente.

A: Merci beaucoup et au revoir!

B: Bon voyage!

A: 早上好！

B: 早上好！请出示您的护照和机票。

A: 给您。

B: 请把您的行李搬上来。

A: 一个箱子和一个手提包，就这些。

B: 大箱子重22公斤，稍微有点超重。手提包6公斤。……好吧，可以了。……您想要靠窗的座位还是靠走道的？

A: 我喜欢靠窗的，如果可以的话。

B: 您抽烟吗？

A: 不，我不抽烟。

B: 给您，这是您的登机牌，请收好您的护照和机票。

A: 谢谢。我现在就可以登机了吗？

B: 您还需要过安检，出关，然后就可以在候机大厅等待登机了。

A: 非常谢谢，再见！

B: 祝您旅途愉快！

3. Le vol retardé　航班延误

(Li Ming est à l'aéroport de la Capitale, il va bientôt partir pour Paris. Message à la Radio : Le vol MU 8515 est retardé à cause d'une panne mécanique inconnue, nous vous prions de patienter...)

A: Bonsoir, Mademoiselle. Je vais prendre le vol MU 8515 pour Paris.

B: Montrez-moi votre billet et votre carte d'embarquement, SVP.

A: Les voici.

B: Monsieur, je suis désolée de vous dire que votre vol est retardé. Je vous prie de vous rendre dans la salle d'attente No.3 et de patienter. Voici un ticket de repas, avec lequel vous pouvez avoir un dîner gratuit. Signez ici SVP.

A: Pourriez-vous me dire précisément à quelle heure nous décollons?

B: Nous ne sommes pas encore sûrs, car l'avion n'est pas encore réparé, deux heures de retard peut-être. Je vous prie de faire attention aux informations au haut-parleur de l'aéroport.

A: Tant pis! Et pour me rendre à la salle d'attente No.3, SVP?

B: Tout droit, après un magasin de détaxe et un café, à votre gauche.

A: Merci.

(李明此时正在首都机场，要乘飞机去巴黎。扩音器广播声：旅客们请注意，MU 8515 航班因不明机械故障推迟起飞，请你们耐心等待……)

A: 晚上好，小姐，我要乘 MU 8515 航班去巴黎。

B: 好的，请让我看一下您的机票和登机牌。

A: 给您。

B: 先生，我很抱歉地通知您，您的航班延误了，请您先到 3 号候机厅等候，您拿着这张餐券可在那里领取一份免费晚餐，请在这里签个名。

A: 您能准确地告诉我飞机什么时候起飞吗？

B: 因为故障还没有排除，尚不能确定，大约会晚两个小时。请您注意听机场广播的信息。

A: 真是倒霉！请问 3 号候机厅怎么走？

B: 一直走，穿过免税商店和一个咖啡厅，向左转就到了。

A: 谢谢。

4. Le contrôle de sécurité   安检

A: Pardon, Madame, une minute SVP. Ouvrez votre sac à main car il y a quelque chose en métal à l'intérieur.

B: Quoi, mais j'ai tout vérifié avant de partir.

A: Il me semble qu'il y a quelque chose qui ressemble à des ciseaux.

B: Impossible, je n'ai jamais de ciseaux sur moi.

A: Mais la machine sonne.

B: Ok, attendez, je vais vous le montrer.

A: Et qu'est-ce qu'il y a dans ce petit sac en tissu?

B: C'est ma boîte de maquillage. Ah, oui, j'ai compris. Ce sont probablement mes ciseaux à ongles qui font sonner le détecteur.

A: Il faut les sortir, Madame. C'est interdit d'apporter des ciseaux sur le vol.

B: Je suis vraiment désolée, Monsieur. Je les sors tout de suite.

A: Maintenant vous pouvez passer, Madame.

B: Merci.

A: 对不起，女士，请等一下。请您打开手提包，您的包里有金属器。

B: 怎么会，出门前我都检查过了。

A: 好像是一个剪子状的东西。

B: 不可能呀，我从来不随身带剪刀。

A: 但是安检仪器响了。

B: 好吧，请稍等，我给您看一下。

A: 这个小布袋里是什么东西？

B: 是我的化妆包。啊，我明白了，很可能是我的修甲刀使机器响了。

A: 您必须把它拿出来，女士，飞机上不允许携带剪刀。

B: 真的很抱歉，先生，我马上拿出来。

A: 现在您可以通过了，女士。

B: 谢谢。

5. À bord　在机舱内

A: Bonjour! Soyez les bienvenus, avancez pour la classe économique, SVP.

B: Bonjour, madame! Pourriez-vous m'indiquer ma place?

A: Montrez-moi votre carte d'embarquement, SVP. Suivez le couloir, c'est une place près du hublot.

B: Merci beaucoup.

A: Est-ce que je peux avoir des journaux?

B: Bien sûr! Faites votre choix.

A: Comment puis-je écouter de la musique?

B: Nous allons distribuer un petit kit aux passagers, et à l'intérieur vous trouverez une paire d'écouteurs. La prise de la musique est à droite de votre siège. Vous pouvez également regarder la télévision. Avec la télécommande dans votre siège, vous pouvez choisir les programmes à votre gré. Nous avons huit chaînes à option: chaîne de sport, des jeux, des nouvelles, des informations sur la durée du vol et quatre films.

A: Super, je m'inquiétais de la monotonie du voyage.

B: Croyez-moi, Monsieur, vous ferez un voyage très agréable.

　(Quelques heures plus tard...)

A: Où sommes-nous?

B: Au-dessus de la ville de Paris!

Chef pilote:Mesdames et Messieurs, dans 10 minutes, notre avion atterrira. Je vous prie de replier votre tablette, d'attacher votre ceinture de sécurité et de bien rester dans votre siège.

Chef pilote:Mesdames et Messieurs, nous venons d'atterrir à l'aéroport de Charles de Gaulle. Il fait beau et la température est de 18 degrés. Nous vous remercions d'avoir voyagé avec Air France et nous espérons vous revoir bientôt. Bon séjour à Paris et au revoir.

Tous : Merci! (Applaudissements)

A：下午好！欢迎大家。经济舱请往前走。

B：下午好，女士！我的座位在哪里？

A：请给我看一下您的登机牌。好的，沿这个通道往前，是靠窗的位子。

B：非常感谢。

A：我能拿一些报纸吗？

B：当然！您可以在这中间选一份。

A：怎么听音乐呢？

B：我们会给每位乘客发一个小袋子，里面有一副耳机，您连接到座位右边的音乐插孔就可以了。您还可以看电视，用遥控器可以选择您喜欢的节目，我们共有8个台可供选择，分别是体育，游戏，新闻，本次航班信息和4个电影台。

A: 真是太好了。我原来还担心旅途会很无聊。

B: 请相信我，您一定会度过一次愉快的旅行的。

（几个小时之后……）

B: 我们现在到什么地方了？

A: 已经在巴黎上空了！

机长：女士们、先生们，再过十分钟飞机将着陆。请收起小桌板子，系好安全带，在您座位上坐好。

机长：女士们、先生们，我们的飞机已降落在戴高乐机场，当地天气很好，温度为18摄氏度。感谢您乘坐法航的这趟班机，期待很快再次见到你们。希望大家在巴黎过得愉快，再见。

所有人：非常感谢。（掌声）

Phrases complémentaires 补充句型

1. Combien coûte un billet pour Beijing? Y a-il une réduction? 到北京的机票多少钱？有打折吗？

2. Excusez-moi, où se trouve l'agence d'Air China? 请问，中国国际航空公司办事处在哪儿？

3. Mon projet de voyage est avancé, pourriez-vous modifier mon billet? 我的旅行计划提前了，您能帮我改签机票日期吗？

4. Ce vol fait-il une escale? 这班飞机会经停什么地方吗？

5. Pardon, ce vol est complet. 对不起，这趟航班没有空位了。

6. Ce vol est annulé à cause du typhon (de la neige). 航班因为台风（大雪）取消了。

7. On offre aux passagers du vol reporté un déjeuner gratuit. 机场向航班推迟的乘客提供一份免费午餐。

8. Où est le comptoir d'enregistrement No.6 de la salle D? 请问 D 厅 6 号柜台在哪里？

9. Ce vol a été confirmé pour la dernière fois. 该航班已经最后确认。

10. J'ai le mal de l'air et j'ai envie de vomir. 我晕飞机，想吐。

11. Au moment où vous avez besoin de l'aide d'une hôtesse, appuyez sur le bouton à côté du siège. 需要乘务员的帮助可以按座位旁的按钮。

12. Qu'est-ce que vous voulez boire? 您想喝点什么？

13. À quelle heure décolle le vol pour Canton? 到广州的飞机几点起飞？

14. Pardon, je ne supporte pas la cuisine occidentale, voulez-vous me donner des nouilles chinoises? 对不起，我吃不惯西餐，可以给我一些中国面条吗？

15. Rémy ne dort jamais pendant le vol. 雷米坐飞机从不睡觉。

16. L'avion vole à une vitesse de 900 km par heure. 现在的飞行速度是每小时 900 公里。

17. Quel temps fait-il là-bas? 那里的天气怎么样？

18. Êtes-vous satisfait du service proposé dans ce vol? 您对这趟航班的服务满意吗？

19. Air France et China Eastern ont établi une alliance, alors les clients ont plus de choix. 法航与东航之间有合作协议，这样乘客就有了更多的选择。

20. Vous trouverez ce vol direct moins fatiguant. 乘坐这个直航航班，您不会感觉太累。

🔗 L'Aéroport de Roissy-Charles de Gaulle
链接：鲁瓦西 – 戴高乐机场

Situé à 25 km au nord-est de Paris, l'aéroport de Roissy-Charles de Gaulle (Roissy-CDG) est ouvert au public depuis mars 1974 après 10 ans de travaux. Il possède 3 aérogares, L'aérogare 1 est la plus ancienne, l'aérogare 2 est la plus grande et l'aérogare 3 est surtout utilisée pour le fret.

L'aéroport de Roissy-CDG est un des aéroports les plus modernes et les plus fréquentés du monde. Il prend en charge presque tous les vols intercontinentaux et la plupart des vols européens. D'après les statistiques de l'ACI (Airport Council International) en 2004, l'aéroport de Roissy-CDG est le huitième du monde en matière de trafic des passagers (50,8 millions), et le troisième d'Europe derrière l'aéroport London Heathrow (67,3 millions) et l'aéroport Francfort (51 millions). En ce qui concerne le fret, l'aéroport de Roissy-CDG est le deuxième en Europe avec 17 millions de tonnes derrière l'aéroport de Francfort (18 millions de tonnes).

鲁瓦西 - 戴高乐机场位于巴黎东北 25 公里处，历时十年建设而成，1974 年 3 月正式向公众开放。它分为 1、2、3 个分机场，其中 1 号最老，2 号最大，3 号则专用于货运。

鲁瓦西 - 戴高乐机场是世界上最现代化和最繁忙的机场之一。它几乎承担了巴黎所有的国际航班和大部分欧洲航班。根据国际机场协会 2004 年的统计，鲁瓦西 - 戴高乐机场以接待人数 5080 万，排在全球第八，在欧洲仅落后于伦敦希思罗机场（6730 万）和法兰克福机场（5100 万）排名第三。至于货运量，鲁瓦西 - 戴高乐机场以年 1700 万吨位列欧洲第二，稍稍落后于法兰克福机场的 1800 万吨。

UNITÉ 5 LA DOUANE

第五单元　海　关

1. La déclaration　报关

A: Bonjour, Monsieur!

B: Bonjour, Mademoiselle!

A: Avez-vous quelque chose à déclarer?

B: Non, rien. Je n'ai que certains objets que j'ai achetés dans le magasin hors taxes.

A: Pourriez-vous me les montrer, SVP?

B: Bien sûr, les voilà! Ce sont des cadeaux pour mes amis en France : trois foulards en soie, deux cravates et trois éventails traditionnels chinois.

A: Merci, c'est bon. Est-ce que vous avez sur vous des sommes ou valeurs d'un montant égal ou supérieur à 7 600 euros?

B: Oui, j'ai 10 000 euros de chèques de voyages, c'est pour payer mes frais scolaires et ma vie à Paris. Dois-je quand même les déclarer!

A: Certainement.

B: Qu'est-ce que j'ai à faire?

A: Veuillez remplir ce formulaire de déclaration en trois exemplaires.

B: D'accord.

A: 早上好，先生！

B: 早上好，小姐！

A: 您有什么东西要申报吗？

B: 没有，我只有几件在免税店里买的东西。

A: 能给我看一下吗？

B: 当然可以，您看！这是送给在法国朋友的礼物：三条丝绸方巾，两条领带，还有三把中国扇子。

A: 谢谢，可以了。您身上带了价值等于或超过 7600 欧元的钱物吗？

B: 我有 1 万欧元的旅行支票，这是用来支付我在巴黎的学费和生活费的。我需要对其进行申报吗？

A: 当然了。

B: 我应该做什么呢？

A: 请填写这个一式三份的申报表格。

B: 好的。

2. Le certificat de vaccination 检疫证明

A: Bonsoir! Votre passeport et votre carte de vaccination, SVP.

B: Tenez.

A: D'où venez-vous?

B: Je viens de Chine.

A: Quelle ville?

B: Shanghai.

A: Où allez-vous?

B: En Italie, mais je resterai trois jours à Paris avant de partir.

A: Vous êtes touriste?

B: Oui.

A: Au cours des trois derniers mois, êtes-vous allé dans un pays tropical?

B: Je suis allé à Singapour.

A: Vous y êtes resté combien de temps?

B: Deux semaines.

A: Pendant ce temps, avez-vous eu de la fièvre ou d'autres symptômes?

B: Non, je suis toujours en bonne santé.

A: Bon, merci. Vous pouvez passer.

A: 晚上好！请出示您的护照和黄皮书。

B: 给您。

A: 您从哪里来？

B: 我来自中国。

A: 中国的哪个城市？

B: 上海。

A: 您要去哪里？

B: 去意大利，不过我先要在巴黎停留三天。

A: 您是游客吗？

B: 是的。

A: 在最近三个月里，您去过热带国家吗？

B: 去过新加坡。

A: 待了多久？

B: 两周。

A: 在此期间，您发过热，或有其他症状吗？

B: 没有，我一直都很健康。

A: 好的，谢谢。您可以通过了。

3. La recherche des bagages　寻找行李

A: Pardon, Monsieur. Pourriez-vous me donner un coup de main?

B: Avec plaisir.

A: Je me suis perdue parce que j'ai vomi à l'atterrissage. Je ne vois plus aucun autre passager de mon vol, et je ne sais pas où se trouvent mes bagages.

B: D'où venez-vous?

A: De Beijing, le vol de la compagnie China Eastern, arrivé à 7 heures.

B: Quel est votre numéro du vol?

A: MU8615.

B: Vous devez aller au terminal 2C où vous pouvez retrouver vos bagages.

A: Et comment puis-je arriver au terminal 2C?

B: Vous montez au premier étage, vous tournez à droite à la première sortie, puis de nouveau à droite, vous pouvez voir un passage très long et vous n'avez qu'à le suivre pour arriver au 2C.

A: Merci beaucoup.

A: 对不起，先生，您能帮我个忙吗？

B: 乐意为您效劳。

A: 飞机降落的时候，我吐了，所以掉了队。我没有看到同航班的其他人，也不知道到哪里去取我的行李。

B: 请问您从哪里来的？

A: 我从北京来，乘坐东航的飞机，7点到达的。

B: 航班号是多少？

A: MU8615。

B: 您应该去2C航站，到那里就可以找到行李了。

A: 请问怎么走？

B: 您先上二楼，在第一个出口向右转，再向右转，您会看到一个很长的通道，一直走下去就能到 2C 航站。

A: 非常感谢。

Phrases complémentaires　补充句型

1. Je vais faire un transit en France, voici mon billet d'avion. 我将在法国过境一下，这是我的机票。
2. À qui sont ces valises? 这些箱子是谁的？
3. Cette valise rouge est à moi, l'autre n'est pas à moi. 这个红色的箱子是我的，但那一个不是。
4. Mes bagages ont disparu, que dois-je faire? 我的行李不见了，我该怎么办？
5. Les étrangers font-ils la queue ici? 外国人应该在这里排队吗？
6. Où se trouve le chariot à bagages? 哪里有行李车？
7. Monsieur, vous ne pouvez porter que deux bouteilles de vin avec vous. 先生，您只能随身携带两瓶酒。
8. Pardon, où est le bureau de change? 请问哪儿有兑换处？
9. Pourriez-vous me montrer les articles que vous avez achetés? 可以把您购买的物品给我看一下吗？
10. Combien de devises avez-vous sur vous? 您随身带了多少外币？
11. Y a-t-il des cartes téléphoniques à vendre ici? 请问这里有电话卡卖吗？
12. Comment utiliser cet appareil téléphonique? 这个电话怎么用？
13. Pourquoi dois-je payer les taxes pour cette bouteille de vin? 这瓶酒我为什么要付税？

14. Les marchandises à vendre dans la boutique de l'avion sont détaxées. 飞机上出售的物品是免税的。

15. Ce sont des articles dont l'entrée est interdite dans ce pays. 这些物品严禁带入这个国家。

16. Pardon, pourriez-vous me dire lesquels de ces objets sont détaxés? 劳驾，您能不能告诉我哪些物品可以退税？

17. Vous pouvez récupérer la somme détaxée à la banque de l'autre côté. 您可以到那头的银行领取退税金。

18. Y a-t-il une poste dans l'aéroport? Je veux envoyer une carte postale. 机场里有邮局吗？我想寄一张明信片。

19. Il y a des souvenirs intéressants aux magasins hors taxes. 免税店里有一些有意思的纪念品。

20. Excusez-moi, où se trouve le service de détaxe? 打搅一下，请问退税柜台在哪里？

🔗 Airbus　链接：空中客车

　　Airbus est le constructeur aéronautique le plus avancé du monde. Pour affronter le monopole de Boeing, Airbus est créé en 1970 sous la forme d'un partenariat européen (France, Angleterre, Allemagne et Espagne), dont le siège se trouve à Toulouse en France. Il est aujourd'hui détenu à 80 % par EADS (European Aeronautic Defence and Space company) et à 20 % par British Aerospace. En 2003, Airbus a dépassé Boeing, pour la première fois dans la livraison, et est devenu le premier constructeur des avions civils du monde.

　　Aujourd'hui, l'Airbus 380 est le plus gros avion civil avec sa contenance de 550 à 650 places pour les passagers. Il occupe déjà 80% de parts du marché des avions de grande taille(plus 400 places). Il est vraiment la fierté de la France et de l'Europe.

空中客车（又称空中巴士），是世界先进的民航飞机制造公司。1970年，为了打破波音公司垄断世界航空制造业的市场格局，欧洲四国——法、英、德、西联合创建了空中客车公司，总部就设在法国的图卢兹。空中客车公司由欧洲航空防务航天公司（80%股份）和英宇航系统公司（20%股份）共同拥有。2003年，空中客车在全球的交付量首次超过竞争对手美国波音公司，跃居成为世界头号民用客机制造商。

空中客车集团设计制造的A380飞机是目前世界上最大的民用客机，拥有座位550—650个。如今，A380在400座以上大型客机市场上已获得了80%的市场份额。空中客车，是法兰西的骄傲，欧洲的自豪。

TGV　链接：高速铁路

Le projet de TGV (Train à Grande vitesse) a débuté dans les années 1960, lorsque la SNCF (La Société Nationale des Chemins de Fer) a pris conscience que la vitesse était devenue un enjeu face à la concurrence des secteurs autoroutier et aérien. Pendant le test de fonctionnement en 1972, le TGV a créé le record sur les rails de 318 km/h.

La première ligne de TGV, couverte en 1981, relie Paris à Lyon. La cérémonie d'inauguration fût présidée par François Mitterrand. Dans les mois suivants, le TGV a battu le monopole du transport aérien entre ces deux villes, et est devenu le moyen de transport le plus utilisé des passagers. Depuis sa naissance, le TGV a créé une série de records de vitesse. Le record actuel, surprenant, est celui de 2007, le 574,8 km/h. Parmi tous les chemins de fer à grande vitesse en France, la ligne Calais-

Marseille est la seule qui fait plus de 1000 km, et sur laquelle la vitesse moyenne de TGV dépasse 300 km/h.

  Le TGV est devenu le symbole de la haute technologie française, et une technologie qui s'exporte à l'étranger. En Espagne, AVE est construit grâce aux techniques du TGV, et en Corée du Sud, le TGV a été transformé en KTX. La SNCF le propose activement aux autres pays et régions qui ont envie de développer leur propre train à grande vitesse. En 1996, après la négociation entre les sociétés nationales des pays de l'UE (Union Européenne), les normes françaises du TGV ont été acceptées comme normes européennes, par conséquent, la technologie du TGV est devenue la plus répandue en application.

　　TGV（高速列车）计划开始于 20 世纪 60 年代。当时，法国国家铁路局认识到，要面对日益增长的高速公路和空中交通的竞争，除了提供可与之媲美的速度外别无他法。在 1972 年的试验运行中，TGV 创造了当时的 318 公里的高速轮轨时速。

　　第一条 TGV 线路是 1981 年开通的巴黎至里昂线，隆重的开通仪式由密特朗总统亲自主持。此后不过几个月，TGV 就打败了法国航空运输业对这一线路的垄断，拥有了这条线路的最大客源。TGV 自诞生之日起，一直牢牢占据着高速轮轨的速度桂冠，目前的纪录是 2007 年创下的惊人的 574.8 公里 / 小时。法国境内的加来至马赛线是法国唯一一条超过 1000 公里的高速铁路运营线，在这条线路上 TGV 的平均时速也超过了 300 公里。

　　如今，TGV 已经成为法国的高科技象征，成为法国对外出口的一项技术。在西班牙，有引进 TGV 技术的 AVE 高速列车；在韩国，有从 TGV 变化而来的 KTX。法国国家铁路局还积极向其他要发展高速列车的国家和地区推荐 TGV。1996 年，欧盟各国的国有铁路公司经联合协商后，确定采用法国技术作为全欧高速火车的技术标准，TGV 技术也因此成为当今应用最广泛的高速轮轨技术。

UNITÉ 6 LE VOYAGE

第六单元　旅　行

1. À l'agence de voyage　旅行社里

A: Bonjour, Monsieur.

B: Bonjour.

A: Asseyez-vous, SVP. Que puis-je faire pour vous?

B: Je veux faire un voyage en Asie, si le temps et le prix me conviennent.

A: Quand vous voulez partir?

B: En août, je veux profiter de mes vacances.

A: Combien de jours avez-vous?

B: Deux semaines à peu près.

A: Très bien, nous vous recommandons un voyage de 10 jours en Asie du Sud-Est;

B: Quel est le prix?

A: 1100 euros pour chaque participant.

B: Et que comprend ce prix?

A: Il comprend le billet aller-retour, l'hébergement, les repas et les billets de visites.

B: Ce n'est pas mal. Pourriez-vous me présenter en détail le programme?

A: Bien sûr. Nous partons de Paris, le premier arrêt est à Bangkok, on reste en Thaïlande pendant 5 jours pour profiter de la plage, du massage thaïlandais etc. La Malaisie est notre deuxième destination pendant 3 jours, puis on va à Singapour. Et le dixième jour, nous repartons de Singapour.

B: Et les hôtels?

A: Ce sont des hôtels d'au moins trois étoiles.

B: Y a-t-il des guides francophones?

A: Bien sûr.

B: Très bien, je n'ai plus d'hésitation alors.

A: 下午好，先生。

B: 您好。

A: 请坐。有什么可以效劳？

B: 我想去亚洲旅行，如果价钱和时间都合适的话。

A: 您打算什么时候去呢？

B: 想利用八月份的假期。

A: 您有几天时间？

B: 大约两周。

A: 很好。我们向您推荐到东南亚的 10 天舒适游。

B: 多少钱？

A: 每个人 1100 欧元。

B: 这个价格都包含什么？

A: 包括往返机票、住宿、用餐以及参观门票。

B: 我觉得不错。您能为我详细介绍一下行程吗？

A: 当然可以。我们从巴黎出发。第一站是曼谷，我们将在泰国停留 5 天，享受沙滩和泰式按摩等。马来西亚是第二站，我们在那里停留 3 天，然后前往新加坡，第 10 天从新加坡返回巴黎。

B: 住哪儿呢？

A: 至少是三星级酒店。

B: 有法语导游吗？

A: 当然。

B: 很好，我想没什么好犹豫的了。

2. Au pied de la Tour Eiffel   在埃菲尔铁塔下

A: Regarde, Antoine, plus on est proche de la Tour Eiffel et plus elle paraît grande.

B: Certainement, elle mesure plus de 300 mètres et comprend 1792 escaliers!

A: Quoi, tu veux dire que je n'arrive pas au sommet à pied! Faisons la course, et on verra qui arrivera le premier…

B: Je n'ai rien dit. …On va acheter les billets d'ascenseur.

A: Regarde la queue devant l'ascenseur, je préfère monter à pied.

B: Sois raisonnable! Si tu veux, on peut descendre à pied, d'accord?

A: Bon, va faire la queue, je te retrouverai tout à l'heure.

B: Où vas-tu? Tu ne m'accompagnes pas?

A: Je veux aller aux toilettes.

B: Je t'attends devant le buste d'Eiffel après avoir acheté les billets.

A: C'est entendu.

   (20 minutes plus tard…)

B: Cécile, tu rentres enfin! Sinon, j'allais entrer dans l'ascenseur tout seul.

A: Peux-tu imaginer qu'il y a plus de monde aux toilettes qu'ici!

A: 瞧，安托万，埃菲尔铁塔走近了看显得更高了。

B: 可不，铁塔有三百多米呢，到铁塔顶层共有 1792 级台阶！

A: 什么，你说我不能走上去！我们来比赛怎么样，看看谁可以先爬到顶上……

B: 我可什么也没说呀。……咱们去买电梯票吧。

A: 瞧，电梯前排的大队，我宁肯走着上去。

B: 别呀，理智点吧。如果你愿意，我们可以走着下来，行吗？

A: 好吧，去排队吧，我几分钟后回来找你。

B: 你去哪儿？你不陪我吗？

A: 我去卫生间。

B: 好吧，我买好票在埃菲尔的塑像前等你。

A: 说定了。

（二十分钟后……）

B: 塞西尔，你终于回来了，你再不来，我就一个人进电梯了。

A: 你能想象厕所排队的人比这里还多吗！

3. Le Bateau Mouche　塞纳河游船

A: Comme il fait beau et qu'il n'y a pas de vent, je t'emmène faire une croisière sur la Seine.

B: Super. J'ai entendu dire que la meilleur façon d'admirer le paysage de Paris c'est en bateau, n'est-ce pas?

A: Oui. En bateau, on peut voir les sites les plus connus de Paris, tels que le Grand Palais et le Petit Palais, le pont Alexandre III, le Musée d'Orsay, le Louvre, le Pont-neuf, et la cathédrale de Notre-Dame de Paris etc. D'ailleurs, cela nous donne un sentiment très différent.

B: Je vois plusieurs sortes de bateaux sur le fleuve, lequel d'entre eux est le célèbre Bateau Mouche?

A: Celui qui est blanc et qui a un fond plat.

B: Pourquoi l'appelle-t-on « Bateau Mouche »? Selon moi, il ne ressemble pas du tout à une mouche.

A: Sur l'origine du nom, il y a plusieurs explications. Certains disent qu'il est léger comme une « mouche », et d'autres disent que c'était une sorte de bateau d'espion. En effet, le mot « mouche» est synonyme «d'espion » en français. Mais l'explication la plus sûre, c'est que ce bateau vient à l'origine de Lyon, et qu'il a été fabriqué au quai appelé « Mouche ». Des années après, ce bateau est venu à Paris et le nom a été conservé.

B: D'accord. Et où se fait l'embarquement?

A: Au pont de l'Alma, c'est le départ et la fin de la croisière. Le bateau va d'abord vers l'amont jusqu'à l'île Saint-Louis, puis se retourne et descend vers l'aval, jusqu'à l'île des Cygnes en repassant par le pont de l'Alma, et enfin il retrouve le pont de l'Alma pour terminer la visite.

B: Et combien de temps dure la croisière?

A: 75 minutes.

B: Le billet est-il cher?

A: Non, seulement 7 euros. C'est l'heure, allons-y!

A: 今天天气很好，也没有风，我带你去游一游塞纳河吧。

B: 太好了。早就听说乘坐游船欣赏巴黎的风景是最佳方式，对不对？

A: 乘船可以游览巴黎最有名的名胜，如大宫和小宫，亚历山大三世大桥，奥赛博物馆，卢浮宫，新桥，巴黎圣母院等等，而且别有一番风情。

B: 我看到河上有很多种船，哪一种是大名鼎鼎的 Bateau Mouche 呢？

A: 那种平底大肚的，白色的船。

B: 为什么叫 Bateau Mouche 呢？我看它长得一点也不像"苍蝇"[1]！

A: 关于名字的起源有很多种说法，有的说是因为它轻盈如苍蝇，有的说它原来是一种间谍船，苍蝇在法语里还是"间谍"的同义词，不过比较可靠的一种说法是这种船起源于里昂，生产它的码头叫 Mouche，后来船来到了巴黎，名称也沿用下来了。

B: 原来如此。咱们从哪里上船呢？

A: 阿尔玛桥，航程从这里开始和结束。首先，船往上游行驶至圣路易岛，掉头往下游开，经过阿尔玛桥行驶到天鹅岛回转，最后再回到阿尔玛桥结束旅程。

B: 整个航程大约需要多长时间？

A: 75 分钟。

B: 票价贵吗？

A: 不贵，只要 7 欧元。时间差不多了，我们上船吧。

4. À la fin du voyage 归期将至

A: Dommage! Mon voyage est sur le point de se terminer.

B: Tout est-il prêt pour ton retour?

A: Oui! Mes bagages sont faits, les cadeaux pour la famille sont prêts aussi.

B: Rien d'autre?

A: Je voudrais encore acheter quelques cartes postales comme souvenirs de ce voyage sur la Côte d'Azur, puis téléphoner à Jacques pour le remercier de ce qu'il a fait ces derniers jours, notamment de nous

---

[1] Mouche 在法语中意为"苍蝇"。

avoir accompagnés.

B: Il y a des cartes à vendre dans le magasin en bas, qui est ouvert jusqu'à 7 heures du soir.

A: J'irai tout à l'heure.

B: Robert, comment tu trouves ce voyage?

A: Parfait! Le ciel et la mer sont bleus, l'air est frais, les gens sont sympathiques, et surtout la bouillabaisse est délicieuse. À vrai dire, je n'ai pas envie de partir.

A: Tu seras toujours le bienvenu.

B: Merci, Annie.

A: 真可惜！我的旅行就要结束了。

B: 回去的事都准备就绪了吗？

A: 当然啦！行李收拾好了，给家人的礼物也都准备好了。

B: 还需要什么吗？

A: 我还想买几张明信片，作为这次天蓝海岸之行的留念，然后给雅克打个电话表示感谢，这几天来他一直陪着我们。

B: 明信片楼下的商店就有卖，一直营业到晚上7点。

A: 我待会儿就去。

B: 罗贝尔，你对这次旅行感觉如何？

A: 非常好！蓝天碧海，清新的空气，热情的人们，特别是普罗旺斯鱼汤真是鲜美，说实话，我真的舍不得走呢。

B: 什么时候你回来，都欢迎你。

A: 谢谢你，安妮。

Phrases complémentaires 补充句型

1. Ce n'est pas loin d'ici, on peut y aller à pied. 那个地方不远，我们可以走着去。
2. Il y a un tramway toutes les dix minutes. 每10分钟有一班电车。
3. Excusez-moi, comment puis-je me rendre à la place de la Concorde? 麻烦您告诉我，到协和广场怎么走？
4. Pardon, est-ce que ce bus passe par l'Ambassade de Chine? 打搅一下，请问这趟汽车经过中国大使馆吗？
5. Désolé! J'ai le mal de la route alors je te prie de rouler un peu plus lentement. 真不好意思！我有点晕车，请开慢一些。
6. Il fait très froid, je voudrais boire un chocolat chaud pour me réchauffer. 太冷了，我想去喝一杯热巧克力暖和一下。
7. Quel grand fleuve! Il y a tant de bateaux! 多宽的河啊！有这么多的船！
8. Après avoir visité l'Opéra, on fait des courses dans les galeries Lafayette à côté. 参观完歌剧院，我们去旁边的老佛爷商场购物。
9. On doit faire la correspondance à la prochaine station. 我们需要在下一站换车。
10. Réveillez-moi à 7 heures du matin, j'ai un vol à prendre. 请您早上7点钟叫醒我，我要赶飞机。
11. Combien de stations restent-ils avant les Invalides? 离荣军院还有几站？
12. Dans la rue de Rivoli, les magasins de souvenir touristique sont l'un après l'autre. 在利沃里街上，旅游纪念品商店一家挨着一家。
13. Avez-vous le plan du cimetière du Père Lachaise? 请问有拉雪兹墓地的参观图吗？
14. Les cathédrales sont gratuites à visiter, sauf la Sainte-Chapelle sur l'île

de Cité. 巴黎的教堂都是免费参观的，除了西岱岛上的圣夏贝尔教堂。

15. Quel site préférez-vous? 您最喜欢哪个景点？

16. Je veux envoyer deux cartes postales montrant des paysages parisiens, y a-t-il une poste près d'ici? 我想寄两张巴黎风景的明信片，请问附近有没有邮局？

17. J'ai acheté deux t-shirts avec l'Arc de Triomphe imprimé dessus. 我买了两件有凯旋门图案的T恤衫。

18. Avec la carte d'étudiant, on peut acheter des billets à prix réduit. 凭学生证可以买打折的门票。

19. Notre programme est un peu chargé aujourd'hui. On va visiter la Tour Eiffel et la basilique du Sacré-Cœur à Montmartre ce matin, et la cathédrale de Notre-Dame de Paris et le musée du Louvre cet après-midi. 今天的行程有点紧，早上参观埃菲尔铁塔和位于蒙玛特尔的圣心教堂，下午参观巴黎圣母院和卢浮宫博物馆。

20. Il y a deux entrées pour visiter le Louvre, l'une est l'entrée principale au dessous de la Pyramide, l'autre est celle du Carrousel sur la rue de Rivoli. 参观卢浮宫有两个入口，一个是玻璃金字塔下的主入口，另一个是位于利沃里街上的卡鲁塞尔入口。

🔗 Le tourisme en France　　链接：法国的旅游业

La France est la première destination touristique du monde avec 90 millions d'arrivées de touristes internationaux en 2018. Ce chiffre correspond à 1, 2 fois la population française, est la fierté de la France. La consommation du tourisme français atteint 158. 7 milliards euros, soit 7% du PIB. Deux millions de Français travaillent dans ce secteur.

La variété des paysages des différentes régions, l'abondance des sites touristiques, les constructions antiques et modernes, la cuisine française réputée dans le monde, les produits de luxe, le système de transport bien développé, et le parc de Disneyland unique en Europe, sont les atouts du tourisme français. À cela s'ajoutent encore des évènements sportifs importants, comme le Tour de France et les Internationaux de France de Roland Garros, des activités culturelles, comme le Festival d'Avignon, le Festival d'Aix-en-Provence et le Festival de Cannes. Connue comme « capitale du romantisme », « capitale de la mode », Paris représente le charme de la France. Elle attire chaque année des millions de touristes venus du monde entier.

Les trois endroits les plus visités en France:Le parc de Disneyland à Paris, Le musée du Louvre et La Tour Eiffel.

法国是世界第一大旅游目标国。2018年，法国共接待了来自世界各地的游客9000万人次。令法国人骄傲的是，这个数字是法国总人口的1.2倍。旅游业实现产值近1587亿欧元，约占国民生产总值的7%，旅游业就业人口达到200万。

千姿百态的各地景色和异常丰富的历史景点，古典与现代交相辉映的建筑，享誉世界的法式大餐，令人眼花缭乱的奢侈品，发达的交通设施，以及拥有欧洲唯一的迪士尼公园，都是法国雄居世界旅游业榜首的王牌，而重大的国际体育赛事（环法自行车赛，法网等）和文化盛事（阿维尼翁的戏剧节、埃克斯-普罗旺斯的音乐节和夏纳电影节等）的举办更加强了这一地位。法国的首都巴黎作为世界闻名的"浪漫之都""时尚之都"更是法国魅力的集中体现，每年都有成千上万的游客，从世界各地纷至沓来。

参观人数最多的法国景点前三甲：巴黎迪士尼乐园，卢浮宫，埃菲尔铁塔。

UNITÉ 7   LA VISITE

第七单元   访   问

1. La rencontre à l'aéroport   接机

A: Est-ce que vous êtes de la délégation agricole de la province de Jiangsu?

B: Oui. Je m'appelle Wang Lin. Vous êtes sans doute M. Legrand?

A: Oui, c'est moi. Soyez les bienvenus en France. Voici ma carte de visite.

B: Voici la mienne. Enchanté de faire votre connaissance.

A: Comment s'est passé votre voyage?

B: C'était un peu long, mais sans problème.

A: (À toute la délégation) Je suis content de vous voir, permettez-moi de vous présenter : Mademoiselle Marie Dupont, ma secrétaire; Monsieur Charles Durand, notre chauffeur. Ils vous accompagneront pendant votre séjour en France.

B: Enchantés de vous connaître, et merci d'être venu nous attendre à l'aéroport.

A: Vous avez pris vos bagages?

B: Oui, ils sont tous sur le chariot. Mais il y a encore deux ou trois personnes dans les toilettes.

A: Ce n'est pas grave, on peut les attendre.

B: Pourriez-vous parler plus lentement? Je n'arrive pas à tout saisir.

A: Pas de problème, mais vous parlez déjà très bien le français. Où l'avez-vous appris?

B: À l'université de Fudan à Shanghai, il y a une dizaine d'années. Mais j'ai peu d'occasions de le pratiquer dans le travail.

A: Cette fois-ci, vous aurez beaucoup d'occasions pour le pratiquer.

B: J'en suis sûr.

A: On y va maintenant! On vous emmène d'abord à l'hôtel pour vous permettre de vous reposer, quant à notre programme, on en parlera dans le car.

B: D'accord.

A：请问，你们是来自江苏的农业代表团吗？

B：是的，我是王林。您大概就是勒格朗先生吧？

A：是的，我就是。欢迎来到法国。这是我的名片。

B：这是我的名片。很高兴认识您。

A：旅途怎么样？

B：有点长，但还算顺利。

A：（对代表团所有人说）很高兴见到大家，请允许我向诸位介绍：这是我的秘书，马丽·杜邦小姐；这位是夏尔·杜朗先生，我们的司机，他们会在你们逗留期间全程陪同。

B：很高兴认识你们，十分感谢你们来机场接我们。

A：诸位的行李都拿到了吗？

B：是的，都在推车上，但还有两三个人在洗手间。

A：没关系，我们等一下。

B：您能不能说得慢一点？我不能完全跟上。

A：没问题，不过您的法语已经讲得很好了，您在哪里学的？

B：10年前在上海复旦大学学的，不过在工作中很少有机会用。

A: 这一次，您会有很多机会来练习您的法语的。

B: 肯定是的。

A: 咱们出发吧！我们先把你们送到宾馆休息一下，至于时间安排，我们在车上再说。

B: 好的。

2. L'accompagnement　陪同

A: M. Wang, c'est la première fois que vous venez en France?

B: Pour moi, oui. Pour mes collègues, non.

A: Vous avez visité Paris, quelle est votre impression sur la ville?

B: Très belle, l'antiquité et la modernité se marient de manière harmonieuse. Paris mérite bien son titre de première destination touristique.

A: À part Paris, quelles autres villes allez-vous visiter?

B: Notre première mission est de visiter la Chambre d'agriculture du département d'Eure-et-Loir, et la seconde visite des clients très importants à Saint-Étienne.

A: Et de quelle ville en Chine venez-vous?

B: Hangzhou.

A: C'est la ville touristique très célèbre près de Shanghai?

B: Exactement. Il me semble que M. Legrand connaît bien notre pays. Vous êtes déjà venu en Chine?

A: Oui, une seule fois, il y a plus de 10 ans.

B: Quelle a été votre impression sur la Chine?

A: Les chinois sont très gentils, la vie n'est pas chère, et le canard laqué est délicieux.

B: Il y a eu de grands changements depuis ces dernières années. Sincèrement, je vous invite à visiter la Chine encore une fois.

A: Avec plaisir. L'Europe a pris conscience de l'importance du marché chinois. J'espère revoir la Chine bientôt.

A: 王先生，您是第一次来法国吗？

B: 对我来说是第一次，但是对于我的同事们来说不是。

A: 您参观了巴黎，对这座城市印象如何？

B: 城市很漂亮，古代与现代有机地结合，巴黎不愧它世界第一大旅游目的地的美誉。

A: 除了巴黎，您还打算去哪些城市呢？

B: 我们首要的任务是访问厄尔和卢瓦尔省农业协会，其次是去圣艾蒂安拜访我们的一些重要客户。

A: 您是中国哪里人？

B: 我是杭州人。

A: 是靠近上海的那个著名的旅游城市吗？

B: 是啊，看来勒格朗先生对中国很熟悉啊，您到过中国吗？

A: 是的，去过一次，已经是十多年前了。

B: 您对中国的印象如何？

A: 中国人很友善，东西很便宜，烤鸭很好吃。

B: 这几年中国发生了很大的变化。我们真诚地邀请您再一次访问中国。

A: 非常乐意，现在欧洲越来越意识到中国市场的重要性。我也期待着很快能够故地重游。

3. Le conversation professionnelle 会谈

A: Bonjour, Monsieur Godet.

B: Bonjour, Monsieur Wang.

A: Nous avons l'honneur de venir dans votre Chambre d'agriculture. Nous espérons pouvoir bénéficier de vos expériences en matière de gestion agricole.

B: Nous sommes aussi très contents de pouvoir échanger nos expériences professionnelles avec nos amis chinois.

A: Qu'est-ce que c'est, la Chambre d'agriculture en France?

B: La Chambre d'agriculture est un organisme professionnel public. Elle a pour but d'une part de représenter les intérêts de l'agriculture et du monde rural, et d'autre part de contribuer au développement de ces derniers.

A: Quelle est la superficie agricole du département d'Eure-et-Loir? Et quelles sont vos principales productions agricoles?

B: La superficie agricole est de 454 040 hectares, soit 76,6% de la superficie totale du département. Les productions végétales sont principalement le blé, l'orge, le maïs et le colza; nous avons encore une production animale importante.

A: Quelles sont les missions de la Chambre d'agriculture?

B: La Chambre d'agriculture représente les agriculteurs et le monde rural, elle est le porte-parole de leurs problèmes et de leurs intérêts; la Chambre d'agriculture conçoit, met en œuvre, coordonne des projets nouveaux, voire novateurs; et elle apporte des services à tous les agriculteurs surtout des conseils technico-économiques en productions végétales et animales.

A: Quel est le budget annuel de la Chambre d'agriculture?

B: Elle gère un budget annuel d'à peu près 5,5 millions d'euros dont les ressources sont constituées notamment par l'impôt, représentant 57% des recettes, et par des programmes d'action contractualisés et des prestations de services.

A: La Chambre intervient-elle aussi dans le commerce des produits agricoles?

B: Non, la plupart des agriculteurs sont membres des coopératives agricoles, qui les aident à acheter moins cher les graines, les engrais et tous les matériaux agricoles, et en même temps à vendre les produits à un prix raisonnable.

A: 您好，高戴先生。

B: 您好，王先生。

A: 我们很荣幸来到贵省农业协会，希望能向你们学习一些农业管理的经验。

B: 我们也很高兴能够与中国朋友们交流一些职业经验。

A: 在法国，农协是怎样的一个机构呢？

B: 农协是一个具有公共机构性质的专业组织。它的职责是一方面代表农业和农村人口的利益，另一方面为他们的发展提供支持。

A: 厄尔和卢瓦尔省的农业土地面积有多大？你们主要的农作物有哪些？

B: 我省的农业土地面积为 454 040 公顷，占全省面积的 76.6%，主要的农作物是小麦、大麦、玉米和油菜；畜牧业生产也很重要。

A: 农协的任务是什么？

B: 农协代表着农民和农村人口，是他们的问题和利益的代言人；农协设计、实施和协调一些新的计划，甚至是革新性的计划；它还为农民提供各种服务，尤其是一些有关农作物和畜产品生产的技术和经济方面的建议。

A: 农协每年的预算有多少？

B: 它管理着一个大约 550 万欧元的年度预算，主要的来源是税收，约占收入的 57%，还有一些签约行动计划的收费和服务的收费。

A: 农协也介入农产品贸易吗？

B: 不，大多数农民都是各种农民合作社的成员。合作社帮助他们低价购买种子、肥料和各种农业资料，同时以合理的价格出售他们的产品。

Phrases complémentaires　补充句型

1. Permettez-moi de vous présenter, M. Wang, le directeur général et M. Dupont. 请允许我向您介绍，这位是王总经理，这位是杜邦先生。
2. Venez ici, je veux bien que vous connaissiez mes amis. 请过来，我希望您能认识一下我的朋友。
3. Veuillez transmettre mes salutations à Mme et M. Martin. 请替我向马丹先生和太太问好。
4. N'oubliez pas de la saluer pour moi. 别忘了代我向她问好！
5. Comment s'appelle-il, ce monsieur aux lunettes noires? 那位戴墨镜的先生叫什么名字？
6. J'espère revenir ici retrouver mes vieux amis. 我希望能够有机会再来这里拜会老朋友。
7. N'hésitez pas à m'interroger si vous avez des questions. 您有什么问题，请随时告诉我。
8. J'ai demandé à Marie d'accompagner la délégation pendant leur séjour en France. 在代表团逗留法国期间，我安排马丽陪同。
9. Merci de votre acceuil chaleureux. 感谢你们的热情接待。
10. J'espère que vous avez passé un très agréable séjour en ma compagnie. 我希望有我的陪同，您在这里会过得愉快。
11. Le temps passe vite, nous devont partir. 时间过得真快，我们得告辞了。

12. Le regret est toujours pour celui qui reste. 离别的忧愁总是属于留下来的人。

13. Il n'y a que les montagnes qui ne se rencontrent pas! 人生何处不相逢！

14. Je ne trouve pas les mots suffisants pour vous exprimer ma reconnaissance par rapport à ce que vous avez fait. 我找不到合适的言词来表达我对您为我所做的一切的感激之情。

15. Je te prie de transmettre mes remerciements à M. Dupont. 请向杜邦先生转达我的谢意。

16. Maintenant, je vais vous présenter notre société, vous pouvez m'interrompre si vous avez des questions à me poser. 我现在开始介绍公司情况，你们有什么问题可以随时打断我。

17. Veuillez accepter ce petit cadeau. 请收下这份小小的礼物。

18. J'espère vous revoir l'année prochaine. 我希望来年我们再次相会。

19. Que cette visite fût intéressante! 真是不虚此行！

20. Je souhaite que notre coopération soit une réussite. 祝愿我们的合作能够成功。

🔗 Le vin   链接：葡萄酒

La culture de la vigne en France occupe 950 mille hectares de terrain. Avec une production de vin de 5 à 6 milliards de litres par an, la France est un des plus grands producteurs du monde. Les grandes régions viticoles sont : la région de Bordeaux qui produit des vins rouges (Médoc, Graves, Saint Émilion et Pomerol) et des vins blancs (Sauternes, Graves blancs); la région de Bourgogne qui donne aussi des vins prestigieux

(Nuits Saint Georges, Gevrey et Chambertin); dans la région au nord de Lyon, se trouvent les vignobles du Beaujolais; la vallée du Rhône qui produit d'excellents vins rouges (Côte du Rhône); la région de la Loire, qui offre les vins d'Anjou, Touraine, Muscadet et Sancerre; le Languedoc, le Roussillon et la Provence, gros producteurs de vins de consommation courante; en plus la Champagne, l'Alsace et la Corse.

Les vins français sont classés en fonction de leur qualité. Les quatre catégories, des plus précieux aux plus courants, sont les suivants : A.O.C, vins d'appellation d'origine contrôlée; V.D.Q.S, vins délimités de qualité supérieure; Vin de pays, vin avec indication de provenance; Vin de table, sans indication de provenance. Toutes les années ne produisent pas la même qualité de vins, on les note en année exceptionnelle, grande année, bonne année, année moyenne et petite année. Les vins des années exceptionnelles ont un grand pouvoir de conservation, et leurs goûts s'améliorent après plusieurs années de vieillissement, leurs prix s'accroissent au fur et à mesure de sa raréfaction sur le marché.

Les accords entre vins et mets sont très importants chez les Français: les poissons, les huîtres et les coquillages avec les vins blancs secs ou le champagne brut; les entrés et les hors-d'œuvre avec les vins blancs secs ou demi-secs, ou les vins rosés; les gibiers avec les vins rouges corsés; les desserts sucrés avec les vins mousseux, le champagne ou les vins doux. Bien sûr, ce ne sont que des propositions indicatives, l'essentiel est de se laisser guider par son goût.

法国有 95 万公顷土地种植葡萄，每年生产五六十亿升葡萄酒，是世界最大的产酒国之一。法国重要的葡萄酒产区有：波尔多地区，主要出产红葡萄酒（Médoc, Graves, Saint Émilion, Pomerol）和白葡萄酒（Sauternes, Graves blancs）；勃艮第地区，生产的知名葡萄酒有 Nuits Saint Georges, Gevrey,

Chambertin 等；里昂以北地区，这里是博若莱酒（Bojolais）的重要产地；罗讷河谷，主要生产红葡萄酒，如 Côte du Rhône；卢瓦尔河沿岸地区，Anjou, Touraine，Muscadet, Sancerre 就产在这里；朗格多克，鲁西永和普罗旺斯地区，主要向全国供应大量的日常消费酒；另外还有香槟省，阿尔萨斯和科西嘉等地区。

法国葡萄酒按品质大致可分为四等。第一等叫法定产地葡萄酒。第二等叫优良产地葡萄酒。第三等酒叫产地酒，指注明产地的佐餐酒。第四等酒叫佐餐酒，这种酒不注明产地。此外，法国酒还特别讲究年成，分为特别好年，好年，较好年，一般、差等几类。特别好年的酒有着很高的收藏价值，不仅味道会越久越醇，价格也会因为市场上越来越稀少而逐年见涨。

法国人喝酒注重酒与菜的搭配：比如吃鱼、牡蛎、贝类的东西，最好喝干红或者醇香槟；吃头菜和冷盘的时候则辅以干白、半干白，或者玫瑰红葡萄酒；野味配上醇厚的红葡萄酒是口感最好的；甜点如果和汽酒、香槟或甜酒一起食用味道更佳。当然，这只是一些指导性的建议，重要的是要符合自己的口味。

UNITÉ 8 L'HÉBERGEMENT

第八单元 住 宿

1. La réservation de chambre　预订房间

A: Bonjour, Hôtel Opéra à votre service.

B: Bonjour, Mademoiselle. Je voudrais réserver une chambre.

A: Quel type de chambre voulez-vous?

B: Une chambre double.

A: D'accord.

B: Y a-t-il l'Internet dans la chambre?

A: Oui, mais vous devez acheter ici la carte pour vous connecter dans la chambre.

B: Quel est le prix de la chambre?

A: 70 euros la nuit, avec le petit déjeuner compris.

B: Y a-t-il une réduction?

A: Oui, nous avons une réduction de 10% le week-end et les jours fériés.

B: Ok, je viendrai le samedi 20 septembre.

A: Et pour combien de nuits?

B: Trois nuits.

A: Comment vous appelez-vous?

B: Alexandre Martin.

A: Bien, la réservation est effectuée.

B: Dois-je payer en avance?

A: Non, la chambre sera disponible jusqu'à 18h le 20 septembre.

B: Merci beaucoup.

A: De rien. À votre disposition.

A: 早上好，歌剧院酒店，请讲。

B: 早上好，小姐。我想预订一个房间。

A: 您想订哪种房间？

B: 一个双人间。

A: 好的。

B: 房间里网络吗？

A: 有，但您必须购买上网卡才能在房间里上网。

B: 价钱多少？

A: 一晚70欧元，包括早餐。

B: 有打折吗？

A: 周末和节假日有10%的折扣。

B: 好的，我9月20日周六来。

A: 您打算住几天？

B: 3个晚上。

A: 请问您的名字？

B: 亚历山大·马丹。

A: 好的，房间已经订好了。

B: 需要付定金吗？

A: 不需要，我们会为您保留到9月20日下午6点钟。

B: 十分感谢。

A: 不客气。随时为您服务。

2. À l'hôtel　下榻酒店

A: Bonjour, Monsieur!

B: Bonjour! Je voudrais une chambre simple.

A: Avez-vous réservé?

B: Non, je viens d'arriver.

A: Vous voulez une chambre avec douche ou salle de bains?

B: Avec douche, SVP.

A: Deux minutes…Il n'y a qu'une chambre au rez-de-chaussée, cela vous convient-il?

B: Très bien. C'est combien?

A: 50 euros, petit déjeuner compris. Et pour combien de jours?

B: Peut-être deux jours, je ne suis pas sûr maintenant.

A: Ce n'est pas grave. Vous en faites part à la réception un jour avant de partir.

B: D'accord, je le préciserai ce soir ou au plus tard demain matin.

A: Montrez-moi vos papiers, SVP.

B: Tenez, mon passeport. Où est le restaurant?

A: Au premier étage, à côté du bar…. Vous pouvez composer le 800 quand vous avez besoin de la conciergerie, nous sommes toujours à votre disposition. Chambre 108, gardez bien la clé et votre passeport. Bonne nuit.

B: Merci.

A: 下午好，先生！

B: 下午好！我要一个单人间。

A: 您预定了吗？

B: 没有，我刚刚到。

A: 您要带淋浴的还是带浴缸的房间？

B: 带淋浴的。

A: 请稍等……只有底层的一间，可以吗？

B: 很好。多少钱？

A: 50 欧元，含早餐。您住几天？

B: 大约两天，还不确定。

A: 没关系，您退房的前一天通知前台一声就可以了。

B: 好的，今晚或最迟明天上午我就会确定下来。

A: 请出示您的证件。

B: 给您，我的护照。请问餐厅在哪里？

A: 在二楼酒吧的旁边。……如果您需要客房服务，可拨打电话 800，随时为您服务。108 房间，这是您的钥匙和护照，请拿好。晚安。

B: 谢谢。

3. La location   租房

A: Allô, bonjour! Je suis bien chez Mme Martin?

B: Oui, c'est de la part de qui?

A: Bonjour, Mme Martin. Je m'appelle Philippe Perichon. J'ai vu une annonce sur Internet, vous avez un studio à louer, n'est-ce pas? J'aimerais en savoir plus.

B: C'est exact. Il mesure 20 mètres carrés, et il est bien meublé et très calme. Dans une semaine, l'étudiant chinois qui loge ici rentre en Chine parce qu'il a terminé ses études, et le studio sera donc vide.

A: Quel est le montant du loyer?

B: 550 euros, toutes charges comprises.

A: C'est un peu cher pour moi.

B: Venez voir d'abord, il mérite le prix du loyer.

A: Cela comprend-il l'électricité?

B: Oui, l'eau et l'électricité sont compris.

A: Et c'est à quel étage?

B: C'est au sixième étage avec ascenseur.

A: Quand puis-je venir le visiter?

B: Quand vous voulez.

A: Que faut-il préparer si je décide de le louer?

B: Vous apportez vos papiers pour signer un contrat. Et n'oubliez pas un chèque de caution d'un montant de deux mois de loyer.

A: Merci, Mme Martin, je préfère venir demain matin, à dix heures. Cela vous convient-il?

B: D'accord. À demain.

A: À demain.

A: 您好，请问是马丹太太家吗？

B: 正是，请问您是哪一位？

A: 您好，马丹太太。我是菲利普·贝里松。我在网上看到信息，您有一个单间要出租，是吧？我想多了解一些情况。

B: 这个单间面积大约有20平方米，家具齐全，非常安静。一周后，住在这里的一个中国学生就要学习结束回国了，房子将会空出来。

A: 一个月的租金是多少？

B: 每月550欧元，所有费用全包。

A: 对我来说有点贵。

B: 您不妨先来看看，这个房子值这个价钱。

A: 电费也包括在内吗？

B: 是的，水电费都包括在内。

A: 在几楼？

B: 七楼，有电梯。

A: 我什么时候可以来看房？

B: 随时可以。

A: 如果我决定租下来，需要准备些什么？

B: 您把您的证件带来签合同。另外别忘了带一张合两个月房租的支票过来作担保。

A: 谢谢您，马丹太太。我想明天早上来，10 点钟，可以吗？

B: 好的，明天见。

A: 明天见。

Phrases complémentaires　补充句型

1. Je voudrais deux chambres standard. 我要两个标准间。
2. Où peut-on trouver un coiffeur? 哪里有理发店？
3. Le robinet est en panne. 房间的水龙头坏了。
4. Y a-t-il une blanchisserie près d'ici? 这附近有干洗店吗？
5. Y a-t-il une machine à laver dans le dortoir? 宿舍里有洗衣机吗？
6. Je dois faire appel aux plombiers. 我要请管道工来。
7. J'ai entendu dire qu'il y a des pièces à louer dans la Cité U, 450 euros par mois. 我听说大学城里有房间出租，一个月 450 欧元。
8. Excusez-moi, y a-t-il des agences immobilières dans ce quartier? 请问，这个区有房屋中介吗？
9. J'habite dans ce quartier depuis longtemps. 我在这个区住了很久了。
10. Désolé, je ne connais pas non plus cette ville. 对不起，我对这个城市

也不熟悉。

11. Elle s'est trompée d'adresse. 她弄错了地址。
12. Avez-vous des appartements meublés à louer? 您有带家具的房子出租吗？
13. Les maisons au centre ville sont trop chères, je suis obligé de déménager en banlieue. 市中心的房子太贵了，我不得不搬到郊区住。
14. Pourquoi ne partagez-vous pas un appartement avec d'autres? 您为什么不和别人合租一间公寓呢？
15. Il faut 30 minutes en voiture d'ici au centre ville. 从这里到市中心驱车要 30 分钟。
16. J'habite à côté de l'autoroute, le bruit est insupportable. 我的家紧邻高速公路，晚上的噪音让人难以忍受。
17. J'habite près du jardin du Luxembourg, je m'y promène tous les jours après le dîner. 我住在卢森堡公园附近，每天晚饭后，我都会到那里散步。
18. L'hôtel Ritz de la place Vendôme est l'un des hôtels les plus luxueux de Paris. 位于旺多姆广场的里兹酒店是巴黎最豪华的酒店之一。
19. Vous payez le loyer au début du mois. 您每月的月初付房租。
20. Puis-je payer le loyer de ce mois dix jours plus tard? 这个月我能晚交 10 天的房租吗？

🔗 La culture du café　链接：咖啡文化

Tous les visiteurs de Paris doivent avoir une impression profonde quant aux cafés parisiens. D'abord, ils sont vraiment nombreux. Des milliers de cafés se dispersent comme des étoiles dans les rues parisiennes, on peut en trouver un ou plusieurs dans presque toutes les rues. Puis, ces cafés ne sont pas très grands normalement, et les places sont chères, même le trottoir à l'extérieur du café est plein de chaises. Le prix d'un café n'est pas élevé, soit 2 à 3 euros, c'est une consommation acceptable pour tous les Parisiens. Boire du café, est une activité populaire, à Paris et en France. Avec un café, on jouit du soleil et du temps de l'après-midi, c'est typiquement français. Le plus important, ce n'est pas le goût du café même, mais la tranquillité qu'on trouve. Si on a le temps, on peut visiter de célèbres cafés (voir ci-dessous), pour connaître la vie des Parisiens, et comprendre leur rapport aux cafés.

Par exemple : le Procope, le premier café de Paris créé en 1686 et situé dans la rue de l'Ancienne Comédie; Foy à côté du Palais Royal; le Tortoni sur les Grands Boulevards; La Paix au sud-ouest de l'Opéra Garnier; le Bataclan sur le Boulevard de Voltaire; Le Chat noir près du Moulin Rouge; le Fouquet's sur l'avenue des Champs-Élysées; Le Dôme, La Rotonde, La Coupole et Le Sélect qui forment un « quadrilatère d'or » près de la gare Montparnasse; sur le boulevard Saint-Germain, il y a le Flore et les Deux Magots, deux cafétérias réputées comme « cafés des lettrés ».

到过巴黎的人，一定会对这里的咖啡馆留下深刻的印象。首先，是数量多，据统计巴黎有几千家咖啡店，如星星般遍布巴黎的每条街道。其次，咖啡馆的规模一般都不大，而且座位拥挤，连门外路边上也满满地摆放着桌椅。再者，咖啡价格不贵，通常只要2、3个欧元，是普通巴黎人可以承受的消费。喝咖啡在巴黎乃至法国是一个全民的运动。一杯咖啡配上一个下午的阳光和时间，这是典型的法式咖啡，重要的不是味道而是那种散淡的态度。倘若您也有时间，不妨到下面列举的著名的咖啡馆里坐一坐，感受一下巴黎人的生活，体会一下巴黎人的咖啡情结。

这些著名的咖啡馆有：位于老喜剧院街的巴黎第一家咖啡馆"普罗考普"（1686年创立），王宫附近的"福瓦"，"大林荫道"上的"托尔托尼"，加尼耶歌剧院西南侧的"和平"咖啡馆,伏尔泰大道上的"吧塔克郎",靠近红磨坊的"黑猫"咖啡馆,香街上的"富盖",蒙巴那斯火车站附近的"黄金四角"——"圆顶""圆庭""穹顶"和"精选"咖啡馆,以及圣日尔曼大街上的"文人咖啡馆"的代表"花神"和"双偶",等等。

UNITÉ 9 LES REPAS
第九单元　餐　饮

1. Un bon restaurant　好吃的餐馆

A: Michel, la marche me donne faim.

B: Moi aussi.

A: Y a-t-il un bon restaurant près d'ici?

B: Laisse-moi réfléchir... Oui, il y a un restaurant Lipp très connu. On y va?

A: D'accord.

(Deux minutes plus tard...)

A: Regarde, on fait la queue devant l'entrée!

B: Il faut réserver la table à l'avance. Les bons restaurants sont toujours pleins. Alors, qu'est-ce qu'on fait? On attend ou on change de restaurant?

A: Je ne veux pas attendre. Et si on revenait plus tard?

B: J'ai une idée, on va prendre du fast-food. Il y a un Macdonald à quelques pas.

A: Dépêchons-nous. J'ai très faim. Je pourrai avaler deux hamburgers d'une bouchée.

A: 米歇尔，走路走得我有点饿了。

B: 我也是。

A: 这附近有好吃的餐馆吗？

B: 让我想想……啊，有一家叫"立普"的餐馆挺有名的，去不去？

A: 好的。

（两分钟后……）

A: 瞧，门口排队呢！

B: 应该先预订，好餐馆总是人满为患。那咱们怎么办呢？等着还是换一家？

A: 我不想等了，以后再来吧，你说呢？

B: 我有个主意，咱们去吃快餐吧。离这不远有一家麦当劳。

A: 赶紧走，我饿坏了，我一口能吃下两个汉堡。

2. La commande　点餐

A: Bonsoir, Madame et Monsieur. Voici le menu, que désirez-vous?

B: Je veux une omelette aux champignons.

C: Un bœuf bourguignon pour moi, SVP.

A: Bien, et comme entrée que désirez-vous?

B: Une salade verte, SVP.

C: Alors une salade verte pour elle, une salade de tomates pour moi.

A: Que voulez-vous boire? Nous avons de toutes sortes de bon vin et le nouveau beaujolais qui vient d'être mis en vente.

C: Oui, j'ai failli oublier! Le nouveau beaujolais est lancé sur le marché, pourquoi pas? Une bouteille, SVP.

B: Et moi, un jus d'orange.

C: Chérie, tu ne prends pas un dessert?

B: Non, ça fait grossir. Un café, ça suffit.

C: Bien, j'en veux un aussi. C'est tout.

A: Merci, les plats seront bientôt servis!

A: 晚上好，女士和先生。这是菜单，两位想吃点什么？

B: 我要一个蘑菇鸡蛋卷。

C: 请给我一个布尔戈涅牛肉。

A: 好的，头菜点什么？

B: 给我一份蔬菜沙拉。

C: 给女士一份蔬菜沙拉，我要一个西红柿沙拉。

A: 想喝点什么呢？我们有各种精品葡萄酒，还有刚刚开售的新鲜的博若莱酒。

C: 啊，我差点忘记了。新鲜的博若莱上市了，为什么不呢？来一瓶吧。

B: 我要一杯橙汁就好了。

C: 亲爱的，不来一点甜品吗？

B: 算了，甜品发胖。来一杯咖啡就够了。

C: 好吧，我也来一杯。就这些！

A: 谢谢，菜马上就到！

3. La formule 套餐

A: Garçon, il n'y pas de menu sur cette table!

B: Pardon, j'arrive...Bonjour, Monsieur. Que désirez-vous?

A: Quelle est la formule d'aujourd'hui?

B: Vous avez deux choix : lapin à la moutarde, salade du chef et dessert; ou le steak, salade du chef et dessert.

A: Je n'aime pas le lapin, je préfère le steak avec des frites.

B: D'accord, et pour le dessert?

A: Quels sont vos choix?

B: Tarte, fromage ou gâteau.

A: Un morceau de fromage. La boisson est-elle comprise dans la formule?

B: Non.

A: Une demi-bouteille de Bordeaux alors.

B: Désirez-vous quelque chose d'autre?

A: Un thé après le repas, SVP. D'ailleurs, je suis pressé, puis-je être servi rapidement?

B: Rassurez-vous, Monsieur. On vous sert les plats le plus vite possible.

A: Merci beaucoup.

A: 伙计，这张桌子没有菜单！

B: 对不起，马上来……您好先生，您想吃点什么？

A: 今天的套餐是什么？

B: 有两种选择：芥末兔肉，厨师沙拉和甜点；或者牛排，厨师沙拉和甜点。

A: 我不喜欢兔肉，我还是要牛排加薯条吧。

B: 好的，甜点吃什么？

A: 有什么选择？

B: 蛋挞，干酪，或者小点心。

A: 我要干酪。套餐里有喝的吗？

B: 没有。

A: 那就来半瓶波尔多吧。

B: 还要别的吗？

A: 饭后上一杯茶。对了，我赶时间，能否马上用餐？

B: 放心吧，先生，我们会尽快给您上菜的。

A: 多谢。

Phrases complémentaires   补充句型

1. Quel est le plat du jour? 今天的特菜是什么？
2. Garçon, quelle est l'entrée (le plat secondaire)? 服务员 头道菜（二道菜）是什么？
3. Ne voulez-vous pas de vin blanc (de la bière, de l'eau minérale)? 您不来点白葡萄酒（啤酒、矿泉水）？
4. Donnez-moi une cuillère (une fourchette, un couteau, des baguettes), SVP. 请给我一把勺子（一把叉子、一把餐刀、一双筷子）。
5. Y a-t-il un restaurant italien ici? Henri adore la pizza. 这里有意大利餐馆吗？亨利喜欢吃比萨饼。
6. Je veux réserver une table pour 4 personnes à 8h30 du soir. 我想预定今天晚上 8 点半的 4 人位。
7. Désolé, il n'y a plus de place libre. 很抱歉，没有空位了。
8. Nous aimerions changer pour une table près de la fenêtre. 我们想换一张靠窗的桌子。
9. Vous aimez la cuisine coréenne? 您喜欢吃韩国菜吗？
10. Je n'aime pas le steak saignant. 我不喜欢吃带血的牛排。
11. Mon mari aime beaucoup la morue, et moi, je préfère la sardine. 我的先生比较喜欢吃鳕鱼，而我喜欢吃沙丁鱼。
12. Je n'ai pas encore décidé. Pourriez-vous me donner quelques conseils? 我还没有选好，您能给我一些建议吗？
13. Apportez encore un couvert, SVP. 请再加一套餐具。
14. La soupe est trop salée, le steak est trop cuit. 汤太咸了，牛排太老了。
15. Les frais de service sont-ils compris? 服务费包括在内吗？
16. Pouvez-vous nous présenter les spécialités de votre restaurant? 您能介绍一下本餐馆的特色菜吗？

17. Y a-t-il du piment? 有辣椒吗？
18. Je veux un cure-dent, merci. 我要一根牙签，谢谢。
19. Garçon, l'addition! 伙计，买单！
20. Je lui ai donné un euro de pourboire. 我给了他1欧元的小费。

🔗 La cuisine française　　链接：法国大餐

La cuisine française est prestigieuse comme la cuisine chinoise, grâce à l'esprit de perfection et d'innovation des Français, qui adorent manger et étudient la cuisine comme un art. Le célèbre Guide Michelin, créé en 1900, pour indiquer les meilleures tables aux chauffeurs routiers au début, est devenu aujourd'hui le guide de référence des restaurants français. La citation dans le guide est déjà un honneur, et si le restaurant est noté 4 ou 5 étoiles, c'est vraiment une grande gloire pour le chef cuisinier.

Nous présentons ici quelques plats français connus :

La bouillabaisse, a une histoire très ancienne. C'est à l'origine le ragoût des pêcheurs préparé avec le reste de la vente de poissons. Elle est devenue aujourd'hui la première spécialité de la Provence.

La choucroute, est la spécialité de la région d'Alsace. Issue de la fermentation du chou coupé en fines lamelles pendant trois semaines, elle est servie avec des saucisse et des viandes fumées, ou même des fruits de mer, avec pour accompagnement des frites quelquefois. La légende raconte que cette technique vient de Chine, les constructeurs de la Grande Muraille avait besoin de la choucroute afin d'avoir les apports nécessaires, en particulier la vitamine C.

Le confit de canard, est la spécialité de la région de Dordogne. Sa préparation est assez compliquée, mais son goût est savoureux.

Le pot-au-feu, est un plat rustique de la région de Lyon. Sa cuisson nécessite 48 heures, pour obtenir parfaitement tous les différents saveurs de carottes, des céleris, du choux, des poireaux, des navets, des os à moelle et de la viande du bœuf.

Le bœuf bourguignon, est un potage préparé avec les morceaux de bœuf (cuisse et queue de bœuf), des oignon et des carottes, auquels on ajoute du bourgogne rouge.

Les escargots, ce sont surtout les grands escargots de la région de Bourgogne à l'Est de la France, et les petits-gris de la région de Provence qui intéressent les gastronomes. En général, ils sont farcis au beurre d'ail et de fines herbes parfumées, mais il existe d'autres modes de préparation dans certaines régions.

Le foie gras, qui est normalement du « foie d'oie », mais il y en a de plus en plus qui sont préparés avec le foie de canard. Ce plat est à l'origine de Strasbourg, dont la matière est le foie des canards ou des oies engraissés de force. La foie gras a une réputation mondiale. Il se déguste avec du pains (particulièrement les pains grillés), du vins ou du champagnes.

法餐与中餐一样，在世界上享有极高的声誉，这得益于法国人精益求精，不断创新的精神，他们热爱烹饪，把烹饪当作一种艺术来欣赏和研究。著名的《米其林餐饮指南》始创于 1900 年，最初只为了方便司机们用餐，如今已经成为法国餐饮业最权威的评判。能够被收入其中已经是一种荣誉，如果能被评到 4 星级或者 5 星级，将是大厨莫大的荣耀。

这里介绍几种法餐名菜：

普罗旺斯鱼汤，历史极为悠久，最初是渔夫们用卖剩下的鱼做成的杂烩汤，现已成为法国南方普罗旺斯的头牌菜。

酸菜腊肉，是阿尔萨斯地区的特产。酸菜通常用切碎的卷心菜腌制三个星期而成，食用时配上腊肠或腊肉，甚至是海鲜，有时还辅以炸薯条。当地传说这种技术源自中国古代，建筑万里长城的人们就是依靠腌酸菜获得必需的营养，尤其是维生素C。

油封鸭，是法国西南多尔多涅地区的名菜，制作过程比较复杂，味道极为鲜美。

蔬菜牛肉浓汤，这是里昂地区一道富有乡村风味的佳肴。通常需要烹制48小时，才能使这道荟萃了胡萝卜、芹菜、卷心菜、大葱、萝卜、牛髓骨和牛肉的汤散发出所有的香气。

勃艮第红酒炖牛肉，剁成块的牛腿肉和牛尾，与洋葱、胡萝卜等煮成浓汤后，加入勃艮第红酒即成。

蜗牛，法国有两种蜗牛让美食家们尤其感兴趣：法国东部尤其是勃艮第地区的大蜗牛与普罗旺斯地区的灰色小蜗牛。蜗牛通常的做法是用拌着香辛草叶和大蒜的黄油填塞，不过某些地区也有不同的做法。

肥肝酱，一般被译为鹅肝酱，实际上很多是用鸭肝制成的。这是一道源自斯特拉斯堡的世界级名菜，原料是用强制喂食法催肥的鹅或鸭的肝。肥肝酱的品尝一般伴有面包（尤其是烤面包片）、葡萄酒或者香槟酒。

UNITÉ 10 LA VIE
第十单元　生　活

1. Faire connaissance   相识

A: Bonjour!

B: Bonjour!

A: Enchanté de faire votre connaissance.

B: Moi aussi. Vous pouvez me tutoyer.

A: D'accord. Tu es Chinois?

B: Oui, je viens de Shanghai, je suis étudiant.

A: Comment t'appelles-tu?

B: Li Hua, et toi? Tu es parisien?

A: Je m'appelle Alexandre Périchon, je suis Breton.

B: Tu es aussi étudiant? À quelle faculté?

A: Oui, je suis étudiant en 2e année à la faculté de droit. Toi, tu parles très bien français.

B: Merci de ton compliment. J'ai appris le français pendant quatre ans en Chine, je me perfectionne ici et j'espère devenir professeur de français dès mon retour.

A: C'est bien. Il y a beaucoup de francophones en Chine?

B: De plus en plus. Avec les études, et le commerce, le nombre augmente progressivement ces dernières années.

A: Depuis combien de temps es-tu ici? Tu t'habitues à ta nouvelle vie?

B: Depuis trois mois. Au début, je n'aimais pas du tout la cuisine française, mais maintenant ça va beaucoup mieux.

A: Désolé, je ne peux pas rester longtemps, j'ai un cours à deux heures.

B: Pas de problèmes. À bientôt!

A: À bientôt!

A: 早上好！

B: 早上好！

A: 很高兴认识您。

B: 我也很高兴认识您。我们可以彼此用"你"相称。

A: 好的。你是中国人吗？

B: 是的，我来自上海，我是学生。

A: 你叫什么名字？

B: 我叫李华，你呢？你是巴黎人么？

A: 我叫亚历山大·贝里松，我是布列塔尼人。

B: 你也是学生吗？读什么专业？

A: 我也是学生，读法律专业二年级。你的法语讲得真好。

B: 你过奖了。我在国内学过四年，来这里进修，希望以后回中国做法语老师。

A: 很好啊。中国有很多人讲法语吗？

B: 越来越多。因为留学、贸易的需要，近年来学习法语的人在逐年增多。

A: 你来了多久了，习惯这里的生活吗？

B: 来了三个月了，一开始一点都不喜欢吃法国菜，不过现在好多了。

A: 很抱歉，不能待的太久，我两点钟还有课。

B: 没问题，回头见！

A: 回头见！

2. Un ami commun 共同的朋友

A: Michel, je suis rentrée.

B: Nicole, ça va? Tu as passé un bon après-midi? Y a-t-il beaucoup de monde sur la plage?

A: Oui, il y en a beaucoup, mais ça va... Oh, Michel, j'ai rencontré un ami de l'université sur la plage, qui est de la même promotion que nous.

B: Et tu lui as parlé? Comment s'appelle-t-il?

A: Il s'appelle Charles, très sympa. C'est lui qui a installé le parasol pour moi, puis on a bavardé.

B: Et à quoi ressemble-t-il?

A: C'est un grand, mince, un peu mat de peau, aux yeux bruns et aux cheveux frisés.

B: Je crois que je le connais, ce type! Est-ce qu'il a un accent du sud?

A: Oui, tu le connais?

B: Oui, et je le connais très bien.

A: Jamais entendu.

B: Nous sommes de la même équipe de football, je suis défenseur, il est attaquant. Il s'appelle Charles Carnier, étudiant en sciences économiques.

A: Ça fait combien de temps que vous vous connaissez?

B: Plus de six mois.

A: Le monde est si petit!

B: C'est vrai.

A: 米歇尔，我回来了。

B: 尼科尔，怎么样？下午玩得开心吗？海边人多不多？

A: 挺多的，玩得不错……唉，对了，米歇尔，我在海滩碰到了一个校友，而且他和我们是一级的。

B: 你和他说话了？他叫什么？

A: 他叫夏尔，人很热情。是他帮我把遮阳伞撑起来的，然后我们就聊起来了。

B: 他长得什么样？

A: 高个子，瘦瘦的，有点黑。棕色的眼睛，还有一头卷发。

B: 我想我认识这小子！他是不是有南方口音？

A: 没错，你认识他？

B: 是呀，而且很熟呢。

A: 我怎么从来没听你说过。

B: 我们是一个球队的，他踢前锋，我踢后卫。他叫夏尔·卡尼耶，是学经济的。

A: 你们认识多久了？

B: 半年多了。

A: 啊，这世界还真是小！

B: 你说得对。

3. La causerie　闲聊

A: Bonjour, Martine!

B: Antoine, bonjour!

A: Comment vas-tu?

B: Pas mal.

A: Tu vas sortir faire des achats?

B: Oui, je vais au marché. Mon fils Jacques et sa famille viennent me voir demain, je veux leur faire un bon repas.

A: Tu sembles vraiment contente!

B: Oui, je ne l'ai pas vu depuis un an.

A: Jacques est ton deuxième fils?

B: Le plus petit. Depuis son mariage il y a 5 ans, il habite à Grenoble et il ne rentre pas souvent.

A: Qu'est-ce qu'il fait?

B: Il est ingénieur informatique, c'est le plus intelligent de mes enfants. Il aime beaucoup les côtelettes d'agneau aux haricots verts que je fais.

A: Dans les yeux de sa mère, l'enfant reste toujours enfant.

B: C'est vrai, même s'il s'est marié et a ses propres enfants…Antoine, si tu as le temps, je veux bien que tu viennes dîner avec nous. Je parle souvent de toi à Jacques.

A: Merci, Madame Deschamps, avec plaisir.

B: Bon, je dois partir maintenant, le marché n'est pas ouvert seulement pour moi. À bientôt.

A: À bientôt.

A: 你好，马蒂娜！

B: 你好，安托万！

A: 你身体好吗？

B: 还不错。

A: 你这是要出门买东西吗！

B: 我去市场买东西。我的儿子雅克一家明天来看我，我要给他们做些好吃的。

A: 看来你心情不错。

B: 是呀，我有一年没见到他了。

A: 雅克是你的二儿子吗？

B: 小儿子。他五年前结婚以后就搬到格勒诺布尔去住了，很少回来。

A: 他做什么工作？

B: 他是一个电脑工程师，在我的孩子里面他是最聪明的。他最爱吃我做的小羊排四季豆。

A: 在妈妈眼里，孩子永远是个孩子。

B: 是呀，即使他结了婚、有了自己的孩子。……安托万，如果你有空，我很愿意你和我们一起共进晚餐，我经常向雅克提起你。

A: 谢谢你，马蒂娜，我很乐意。

B: 那好，我要走了，市场可不是给我一个人开的。回头见。

A: 再见。

4. Tout seul à la maison 独自在家

A: Maman, j'ai faim. Y a-t-il quelque chose à manger?

B: Désolée, Charles, je dois partir dans un instant. Dans le placard, il y a des tablettes de chocolat, dans le frigo des yaourts et du jus d'orange, tu peux en manger. Je te fais un steak-frites comme tu aimes dès mon retour.

A: Où vas-tu?

B: Je vais à la tapisserie avec Mme Fontenier, c'est le dernier jour des soldes.

A: Hélène n'est pas là?

B: Non, ta sœur est sortie avec une amie.

A: Et Simon?

B: Il vient de m'appeler qu'il va au cinéma avec ses copains, et qu'il ne rentre pas dîner.

A: Papa est sorti aussi?

B: Oui, il est allé voir la retransmission du match de football au Bistro de M.

Martin.

A: Suis-je tout seul à la maison?

B: Oui, mon chéri, ne sois pas triste.

A: Au contraire, je suis tellement content d'être tout seul à la maison!

A: 妈妈！我饿了，有什么吃的吗？

B: 对不起，夏尔，我要出去一会儿。壁橱里有几块巧克力，冰箱里有酸奶和橙汁，你随便吃点。等我回来给你做你最爱吃的牛排土豆条。

A: 你去哪里？

B: 我和封塔尼埃太太一起去地毯店，今天是打折的最后一天。

A: 伊莲娜不在家吗？

B: 不在！你姐姐和她的一个朋友出去了。

A: 那西蒙呢？

B: 他刚刚打电话来说和朋友们去看电影，不回来吃饭了。

A: 爸爸也出去了吗？

B: 是的，他去马丹先生的小酒馆看足球赛了。

A: 那我要一个人待在家里吗？

B: 是啊，孩子，别太难过！

A: 相反，我真开心啊，我要一个人在家了！

Phrases complémentaires　补充句型

1. Je suis professeur (journaliste, avocat, docteur ès lettres). 我是老师（记者，律师，文学博士）。

2. Mon travail consiste à m'occuper de ces enfants. 我的工作是照顾这些孩子。

3. Faites comme chez vous. 请随便一点，就像在自己家一样。

4. Mme Martin, les plats que vous faites sont vraiment très bons! 马丹太太，您做的菜真是太好吃了！

5. Désolé, si je ne me trompe pas, tu t'appelles Robert? 不好意思，如果我没记错的话，你是不是叫罗贝尔？

6. Je te présente mon petit ami. 我向你介绍一下我的男友。

7. Philippe achète un ticket d'Euromillion toutes les semaines. 菲利普每周都买一注"百万欧元"彩票。

8. Métro, boulot, dodo, c'est la vie quotidienne de beaucoup de jeunes parisiens, 对很多巴黎年轻人来说，生活基本上就是地铁、工作、睡觉三部曲。

9. Nous nous connaissons depuis longtemps. 我们很早以前就认识了。

10. Vous vous portez très bien, vous avez l'air très jeune. 您身体很好，看上去非常年轻。

11. Que faites-vous le week-end? 您周末一般会做些什么？

12. Il est plus âgé que moi. 他比我岁数大。

13. Pourriez-vous me laisser votre e-mail? 您把您的电子邮件地址留给我好吗？

14. Que ce jeune homme est rigolo! 这个小伙子真逗！

15. Nous sommes à votre disposition. 我们完全听您安排。

16. Merci de votre invitation, nous avons passé une bonne soirée. 谢谢您的邀请，我们度过了一个愉快的夜晚。

17. Il est trop tard, on doit partir. 太晚了，我们得走了。

18. Tel père, tel fils. 有其父必有其子。

19. Je ne suis pas de votre avis. 我不同意您的观点。

20. Nous sommes très amis. 我们是非常好的朋友。

🔗 Le métro de Paris　　链接：巴黎地铁

Avant la construction de la première ligne de métro du monde à Londres en 1860, les Français avaient discuté de la construction du métro à Paris, mais ils n'ont commencé la ligne N°1 qu'en octobre 1898. Elle fût achevée le 19 juillet 1900, ce qui a beaucoup contribué à l'Exposition Universelle de la même année.

Aujourd'hui, il y a à Paris au total 16 lignes de métro (1-14, 3bis et 7bis), leur longueur totale mesure 221,6 km. Le réseau du métro ressemble à une grande toile qui couvre toute la ville. Le métro de Paris compte 292 stations dont 55 en correspondance. Une seule station peut avoir plusieurs points d'arrêts pour une ligne différente, ce qui fait un total de 377 points d'arrêts de métro. La distance moyenne entre chaque station est de 300 mètres, et chaque station dispose de plusieurs entrées, donc on peut trouver partout le signe du métro à Paris. Normalement, on n'a pas besoin marcher plus de 500 mètres pour trouver une entrée de métro. D'ailleurs, on n'a pas le souci des embouteillages et de parking, donc, le métro est le moyen de transport préféré des Parisiens. Le métro de Paris sert à plus de 6 millions de passagers par jour, il est semblable au système sanguin de la ville.

Le prix du ticket est assez bon marché, soit 1,40 € à l'unité, un peu plus cher qu'un croissant. On peut acheter aussi un carnet de 10 tickets à 10,70 €, ou une « carte Navigo » hebdomadaire ou mensuelle. En plus, les étudiants et les familles en difficultés peuvent bénéficier de prix encore plus intéressants.

De par de son ancienneté, le métro de Paris apparaît moins moderne que celui des pays de l'Asie. Les passagers rencontrent donc des incommodités par exemple la longue distance à parcourir pour une correspondance, la commande manuelle pour ouvrir la porte des wagons, la présence partout des traces de tags, et surtout le manque de climatisation. Les petites fenêtres ne suffisent pas à ventiler l'intérieur du wagon, alors il est insupportable de pendre le métro en été à cause de la chaleur et des odeurs. C'est pourquoi Jean-Jacques Peroni, humoriste français, a bien dit « le métro a cent ans, ça se sent! »

早在1860年伦敦建成世界上第一条地铁之前，法国人就开始讨论修建巴黎地铁的计划了，但直到1898年10月，巴黎地铁1号线才正式动工。1900年7月19日工程完成并顺利通车，为当年的巴黎万国博览会增色不少。

今天，巴黎一共有16条地铁线，总长度达到221.6公里。地铁线纵横交错，像一张网把整个城市罩了进来。巴黎一共有292个地铁站，其中55个换乘车站。因为不同的线路在同一站有单独的站台，所以共有377个站台。巴黎地铁的站间距离平均只有300米，而且每站都有多个入口，地铁的标志几乎遍布巴黎市区的各个街道，基本上步行不到500米，就能找到一个地铁入口。加之乘坐地铁没有塞车之虑，也无寻找车位之苦，因此成为巴黎人出行的首选。现在巴黎地铁每天运载量超过600万人次，称得上是名副其实的城市大动脉。

地铁的票价比较便宜，单张购买1.40欧元，略略高于一个羊角面包的价格。如果一次买10张则只需10.70欧元，还可以使用一种被称为"地铁卡"的周票或月票，学生或者困难家庭还可以享受更加优惠的价格。

巴黎的地铁因为建造年代久远，与亚洲新建的地铁相比，已显老旧。这对乘客产生了一些不便：如乘客在转乘的时候需要走相当长的路，上下车的开关一般为手动，车厢内也不太干净，到处可见涂鸦的痕迹。最严重的是车厢里没有空调设备，只能靠小窗通气，一到夏季，闷热加上混杂在一起的各种气味，实在让人难以忍受。难怪法国幽默作家让-雅克·佩罗尼会说："巴黎的地铁满一百岁了，这闻得出来！"

UNITÉ 11 LE MÉDECIN
第十一单元 就 医

1. La consultation 看医生

A: Bonjour, Docteur.

B: Bonjour, Monsieur. Asseyez-vous, s'il vous plaît. C'est la première fois que vous venez me voir?

A: Oui.

B: Dites-moi, qu'est-ce qui ne va pas?

A: Je tousse beaucoup, j'ai mal à la gorge et à l'estomac, de plus je suis un peu enrhumé.

B: Et depuis combien de temps?

A: Deux jours.

B: Avez-vous de la fièvre?

A: Non, j'ai pris ma température ce matin, et tout était normal.

B: Je vais vous ausculter. Ouvrez votre bouche, tirez la langue, dites « ah »…puis, respirez profondément, encore une fois… maintenant allongez-vous sur le lit…pas de problème aux poumons. Qu'avez-vous pris au dîner hier soir?

A: J'ai mangé un rôti avec mes amis.

B: Et qu'avez-vous bu?

A: Beaucoup de bière glacée.

B: C'est très possible que le froid et le chaud se mélangent et rendent la digestion difficile... Vous fumez?

A: Beaucoup.

B: Ce n'est pas bien.

A: Je sais, mais je ne dors pas bien.

B: Écoutez, Monsieur. Vous avez attrapé la grippe, en cette saison, il est facile d'attraper la grippe. Je vous fais une ordonnance, vous devez prendre les médicaments régulièrement. De plus, ne mangez pas de viande grasse et de plats trop salés, et ne fumez pas, ne buvez pas.

A: D'accord, Docteur. Merci beaucoup!

A: 早上好，医生。

B: 您好，先生，请坐。您是第一次来我这儿看病吧？

A: 是的。

B: 告诉我，您哪儿不舒服？

A: 我咳嗽得厉害，喉咙疼、胃疼，而且还有点感冒。

B:（这种情况）有几天了？

A: 差不多两天了。

B: 您发烧吗？

A: 不，早上我量了体温，很正常。

B: 我给您检查一下。把嘴巴张开，伸出舌头，说"啊"——深呼吸，再来一遍……来，躺在床上……肺部没什么问题。您昨晚吃的什么？

A: 跟朋友吃了烤肉。

B: 喝酒了吗？

A: 喝了很多冰镇啤酒。

B: 很可能就是冷热混杂，不易消化……您抽烟吗？

A: 抽得挺多的。

B: 这可不好。

A: 我知道，但是我睡不好。

B: 好，听着，先生。您得了流感，这个季节很容易得流感。我给您开些药，您要按时服用。另外，不要吃肥肉或太咸的菜，不要抽烟也不要喝酒。

A: 好的，医生。非常感谢！

2. L'ordonnance 开药方

A: Docteur, c'est grave?

B: Non, vous êtes enrhumé, et vous avez un gonflement des amygdales provoqué par la fièvre. Je vous fais une ordonnance.

A: J'ai besoin de revenir?

B: Non, je ne crois pas, à condition de prendre des médicaments à temps. Mais si vous n'allez pas mieux dans 48 heures, il vaudrait mieux que vous reveniez.

A: D'accord.

B: Pour le premier médicament, vous prenez un cachet après le repas, trois fois par jour. Pour le deuxième, un cachet toutes les 12 heures. D'ailleurs, n'oubliez pas de boire plus d'eau.

A: Je vais faire ce que vous dites.

B: Il y a une pharmacie au coin de la rue, je vous conseille d'y aller tout de suite et de prendre les médicaments le plus tôt possible.

A: Ok. Et pendant combien de temps dois-je prendre ces médicaments?

B: Le médicament contre le rhume, trois jours au moins, celui contre la fièvre, deux comprimés suffisent. Le plus important, c'est de boire beaucoup d'eau et de vous reposer davantage.

A: Je le sais, merci beaucoup, Docteur. Au revoir.

B: Au revoir.

A: 医生，很严重吗？

B: 不严重，您得了感冒，外带发烧引起的扁桃体发炎。我给您开一些药吧。

A: 我还需要再来吗？

B: 我认为没必要了，只要您按时服药。但是如果服药 48 小时后还不见好，您最好再来一次。

A: 好的。

B: 第一种药饭后服，一次一粒，一日三次。第二种药每 12 小时服一粒。还有，别忘了多喝水。

A: 我会照您说的做。

B: 街角有家药店，我劝您马上去买药，并尽快服下。

A: 好的。我需要吃多长时间药呢？

B: 感冒药至少吃三天，退烧药服两粒就可以了。最重要的是要多喝水，多休息。

A: 我知道了，大夫，多谢您了。再见。

B: 再见。

3. À la pharmacie　在药店

A: Bonsoir!

B: Bonsoir! Vous désirez?

A: Avez-vous des médicaments contre la toux?

B: Bien sûr. Vous avez l'ordonnance?

A: Non. Je n'ai pas vu le médecin. Ce n'est pas très grave, je pense.

B: Alors vous ne pouvez choisir que les médicaments sur cette étagère. Dans ce rayon, il y a des médicaments contre la toux que vous pouvez choisir.

A: Pourriez-vous m'en recommander quelques uns? Il y a tant de choix, je ne sais pas lequel est efficace.

B: Avec plaisir. Ce sirop est pas mal. Quand vous toussez, avec une cuillère de sirop et de l'eau tiède, vous vous sentirez beaucoup mieux.

A: D'accord, j'en veux une boîte.

B: Bien. Vous en voulez d'autre?

A: Pourriez-vous me donner des médicaments pour m'endormir? Ces derniers jours, j'ai beaucoup souffert d'insomnie.

B: Désolée, Monsieur, je ne peux pas vous en donner. Vous ne pouvez l'acheter qu'avec une ordonnance du médecin.

A: Bon. Je veux un tube de dentifrice au fluor en plus.

B: Ok.

A: Ça fait combien?

B: 13 euros.

A: Tenez, merci.

B: Merci. Bonne nuit.

A: 您好！

B: 您好！您需要什么？

A 您这儿有治疗咳嗽的药吗？：

B: 当然有。您有处方吗？

A: 没有，我没有看医生，我想不是很严重。

B: 那您只能选择这一层货架上的（非处方）药了。这个柜台是止咳的，您可以自己挑选。

A: 您能向我推荐一下吗？这么多的药，我真不知道哪一种效果好。

B: 很乐意。这种糖浆不错。咳的时候喝上一勺，再喝一点温水，会舒服很多。

A: 好的，我要一瓶。

B: 您还需要别的吗？

A: 您能给我一些有助睡眠的药吗，这些天我失眠很严重。

B: 对不起，先生，这类药我不能给您，您只有凭医生的处方才能购买。

A: 好吧。另外，我再要一盒含氟的牙膏。

B: 好的。

A: 一共多少钱？

B: 13 欧元。

A: 给您，谢谢。

B: 谢谢您，晚安。

4. La médecine sportive　运动医学

A: Docteur, vous êtes spécialiste de la médecine sportive, est-ce qu'on doit être très prudent quand on fait du sport?

B: Cela dépend du sport que l'on pratique, de l'âge de la personne et de sa condition physique.

A: Est-ce qu'il existe un sport sans risque que tout le monde peut pratiquer?

B: Oui, c'est la marche à pied. En principe, tout le monde peut la pratiquer même les malades du cœur contrairement aux autres sports. C'est aussi le seul sport sans risque pour les personnes âgées. Mais on doit tout de même faire attention, on peut avoir des problèmes quand on marche en montagne, ou quand il fait très chaud, ou quand on ne boit pas assez. Pour les personnes âgées, et si elles ont des problèmes à marcher, je leur conseille le vélo.

A: C'est un sport sans danger?

B: Oui, sauf si on en fait beaucoup. Quand on est à vélo, c'est seulement les jambes qui travaillent, le reste du corps est bloqué, surtout le cou et le dos. On peut alors avoir des problèmes aux articulations du cou et des épaules.

A: Et le ski?

B: C'est un sport excellent pour l'oxygénation et l'équilibre, mais c'est à déconseiller aux personnes âgées. Elles ont des os fragiles et elles risquent plus facilement de se casser une jambe. Autre chose, quand on commence, il ne faut pas aller trop vite, les muscles et les articulations doivent s'habituer à l'effort.

A: On dit que le tennis n'est pas bon pour le corps?

B: C'est en partie vrai. Quand on joue au tennis, votre corps est tout le temps déséquilibré, c'est seulement votre bras droit qui travaille, ou votre bras gauche, si vous êtes gaucher. Vous vous appuyez toujours sur la même jambe. On peut avoir des problèmes aux muscles et aux articulations qui travaillent trop. Un conseil, il ne faut pas jouer sur un court trop dur.

A: 大夫，您是运动医学的专家，人们做运动的时候是不是要特别当心呢？

B: 这要看他所进行的运动、他的年龄以及身体状况。

A: 有没有一种运动没有任何危险，所有人都可以进行？

B: 有，就是徒步走。与别的运动不同，一般来说，徒步走任何人都可以进行，即使是心脏病人。这也是唯一一项对老年人没有危险的运动。不过如果遇到走山地、天气很热，或者喝水不够的时候还是要特别注意。对于那些走路有问题的老年人，建议他们骑骑车。

A: 这个运动没有危险吗？

B: 没有，除非骑得太多。人在骑车的时候，只有腿在运动，身体的其他部分都是不活动的，特别是脖子和背部。因此可能脖子和肩部的关节会出问题。

A: 那么滑雪呢？

B: 滑雪是一项有氧和平衡的绝好运动，但是老年人不宜进行。他们的骨质较脆，很容易摔断腿。另外，进行滑雪运动时，一开始不要太快，肌肉和关节需要慢慢适应用力。

A: 有人说网球运动对身体没有好处？

B: 这么说只是部分正确。打网球的时候，身体总处在不平衡的状态，只有右手在动（或者左手，如果你是左撇子的话）。身体的重心只压在一条腿上，因此运动过多的肌肉和关节可能出问题。这里给打网球的人一个建议，不要在太硬的场地上打。

Phrases complémentaires 补充句型

1. J'ai mal aux dents. 我牙疼。

2. Je ne me sens pas très bien. 我感觉不太舒服。

3. La tête me tourne. 我头晕。

4. Je suis déprimé. 我感到十分消沉。

5. Avoir mal à... （某人某部位）有病痛。

6. Vous avez une hypertension. 您有高血压。

7. Revenez dans trois jours pour faire un examen. 请您三天以后来复查。

8. Le médecin m'a fait une radiographie des poumons. 医生给我做了一个肺部透视。

9. Il vaut mieux faire un examen de l'estomac. 最好给你做个胃部检查。

10. On dit qu'il a un ulcère d'estomac. 据说他有胃溃疡。

11. Mon groupe sanguin est B. 我的血型是 B 型。
12. Selon l'analyse chimique, il a une maladie du foie. 根据化验结果，他有肝病。
13. Ne mangez pas de plats gras et piquants. 您不要吃油腻或辛辣食品。
14. Combien de fois par jour dois-je prendre ce comprimé? 这种药片我一天得吃几次？
15. J'ai envie de vomir. 我要呕吐。
16. Y a–t-il une pharmacie près de la station? 那个汽车站附近有药店吗？
17. Vous devez vous faire hospitaliser. 您应该住院治疗。
18. Vous pouvez essayer ce nouveau médicament pour tester son efficacité. 您可以试一下这个新药看看疗效。
19. Aux grands maux les grands remèdes. 重病还须重药医。
20. La blessure m'a laissé une cicatrice sur le visage. 伤口在我的脸上留下了一道疤痕。

🔗 L'assurance maladie en France
链接：法国的医疗保险

L'assurance maladie fait partie du système de la sécurité sociale française. Elle est obligatoire et elle couvre non seulement tous les Français, mais aussi les étrangers qui résident en France, par exemple les étudiants étrangers.

En général, ce sont les patients qui assurent le prix des frais de soins, puis ils peuvent en demander le remboursement auprès de la caisse locale d'assurance maladie. Les documents à fournir sont la « feuille de soins » et le duplicata de l'ordonnance etc. Les délais de remboursement varient de 15 à 30 jours. L'assurance maladie rembourse en moyenne 75% des frais. C'est la raison pour laquelle beaucoup de Français prennent encore une "mutuelle complémentaire" qui complète le remboursement, ainsi ils peuvent être remboursés pratiquement à 100 %.

En 2005, l'assurance maladie a dépensé au total 105 milliards d'euros, soit 6,2% du PIB de la même année. Les recettes de l'Assurance Maladie proviennent des cotisations sociales (49,6%), impôts et taxes (36,4%), transferts et contributions de l'État, et autres contributions financières.

法国的医疗保险是法国社会保险制度的组成部分。它具有强制性，不仅涵盖所有法国人，还包括在法国居住的外国人，如留学生。

在法国，通常是病人先支付各种治疗费用，随后再向地方医疗保险金管理部门申请报销。病人寄送的材料中有"就诊报销单"（由医生填写）和处方副件等。从发出申请到获得报销的期限一般为15到30天。医疗保险承担平均75%的费用，这就是为什么很多法国人还要参加"补充互助保险"，这样他们原则上就可以获得100%的补偿。

2005年，法国医疗保险共支出1050亿欧元，相当于当年法国国民生产总值的6.2%。医保的资金主要来源于社会保险金（49.6%）、税收（36.4%）、政府转移和收入以及其他财政收入。

UNITÉ 12 LES ACHATS
第十二章　购　物

1. Le supermarché chinois　中国超市

A: On dit qu'il y a des supermarchés chinois à Paris, c'est vrai?

B: Oui, il y en a plusieurs. Les plus grands sont concentrés dans le 13e arrondissement et à Belleville, dont les plus connus sont TANG Frères et Paris Store.

A: Je veux acheter des ingrédients pour faire des raviolis, tels que du chou chinois, du céleri, des champignons parfumés, de la viande et des assaisonnements, y en a t-il?

B: Bien sûr. Il y a presque tout ce qu'on peut acheter en Chine.

A: Très bien, Li Ming, peux-tu me donner un coup de main? Allons-y maintenant si tu es libre...

B: Pas de problème, j'ai besoin de faire des courses aussi.

A: C'est loin?

B: Non, avec le métro, c'est pratique.

……

B: Le voilà. Je vais chercher un chariot.

A: Il y a de toutes sortes de choses ici, mais il y a beaucoup de monde et c'est un peu en désordre. C'est toujours comme ça?

B: Oui. D'ailleurs, nous sommes le week-end, les supermarchés chinois ferment le lundi.

A: Voyons d'abord les légumes.

B: En France, le prix des légumes est assez élevé. Tu vois, les choux chinois coûtent 1.9 euro le kilo, dix fois plus cher qu'en Chine. Les oignons et les tomates sont relativement moins chers.

A: C'est vrai. Mais je trouve que les fruits ne sont pas chers du tout.

B: Tu as raison. La plupart des fruits sont exportés d'Afrique du Nord sauf les pommes, les mandarines et le raisin etc., ils sont variés, de bonne qualité et pas chers.

A: Je vais prendre des mandarines. Il ne me manque plus que la viande et les assaisonnements.

B: C'est à dire?

A: Sauce de soja, huile de sésame et anis étoilé.

B: On peut tout trouver ici.

A: Le supermarché chinois est vraiment très commode, je me sens comme à Beijing.

A: 听说巴黎也有中国超市，真的吗？

B: 有很多家，规模较大的主要集中在13区和美丽城，其中最有名的是唐氏兄弟和巴黎士多。

A: 我想买些东西包饺子，比如大白菜、芹菜、香菇和肉、还有一些调味品，那里都有得卖吗？

B: 当然，在中国能买到的东西在那里几乎都能买到。

A: 太好了，李明，你可以帮我个忙吗？我们现在一起去，如果你不太忙的话……

B: 没问题，我正好也需要买点东西。

A: 离这儿远吗？

B: 不远，坐地铁很方便。

……

B: 瞧，我们到了。我去取一辆小推车。

A: 这里真是什么都有，但是人很多，还有点乱。总是这么人满为患吗？

B: 是的，再说今天是周末，中国超市周一关门。

A: 先去看看蔬菜吧。

B: 法国的蔬菜价格有点贵。你看，大白菜要 1.9 欧元一公斤，几乎是国内价格的 10 倍。洋葱，西红柿相对便宜一些。

A: 的确如此，但我发现水果不是很贵。

B: 是的，法国的水果除了本土出产的苹果、桔子、葡萄等以外，大部分来自北非，品种多，质量好，价格也不高。

A: 我要买一些桔子回去。现在只缺少猪肉和调味品了。

B: 你要什么样的调味品？

A: 酱油、麻油、八角茴香。

B: 这里都可以找到。

A: 中国超市真的很方便，感觉就像在北京一样。

2. Le magasin de prêt à porter 服装店

A: Bonjour, Madame! Qu'est-ce que je peux faire pour vous?

B: Je voudrais essayer le manteau rouge qui est exposé dans la vitrine.

A: Deux minutes. ...Veuillez aller dans la cabine d'essayage à gauche.

B: ... Il coûte 280 euros. Il n'y a pas de réduction?

A: Désolé, c'est son prix. Ce manteau est en pure laine, et fait partie des nouveaux modèles de l'année.

B: Mais le blanc ne coûte que 160 euros.

A: Ce n'est pas de la même matière, seulement 80% de laine et 20% de polyester.

B: Mais le modèle n'est pas mal.

A: C'est vrai. Le rouge est plus classique, celui-ci est plus jeune et à la mode.

B: Je vais essayer le blanc…Il est serré aux épaules et un peu court pour moi… Y a-t-il un plus grand?

A: Les blancs ont tous été vendus, mais on a encore des bleus clairs. Voulez-vous en essayer un?

B: D'accord.

　　(Deux minutes plus tard…)

A: Très bien. On dirait qu'il a été fait pour vous, le bleu clair vous va bien.

B: Il me plaît beaucoup. Je le prends.

A: 您好，女士！有什么可以为您效劳吗？

B: 我想试一试在外面橱窗里展示的那件红色大衣。

A: 稍等。……请到左手的试衣间。

B: ……我看标价是280欧元。一点折扣都不打吗？

A: 对不起，我们都是固定价格。这件大衣的料子是纯羊毛，今年的新款。

B: 但那一件白色的只卖160欧元。

A: 它们不是一种料子的，白色的那件只有80%的羊毛，20%是聚酯纤维。

B: 但是式样不错。

A: 的确，红色的式样古典一些，白色这件显得更年轻时尚一些。

B: 那让我试试这件白色的吧。……肩膀这里有些紧，而且对我也短了些。……有没有大一点的尺寸？

A: 真抱歉，白色的卖完了，浅蓝色的还有，要试一试吗？

B: 好的，我试试。

（两分钟后……）

A: 很棒，就像是给您量身定做的一样，而且浅蓝色显得您的肤色很好，人更靓丽。

B: 真的很不错，我买了。

3. Les soldes　大减价

A: Tu tombes bien! Même si tu as raté les fêtes de Noël, tu pourras te rattraper avec « la fête des acheteurs » !

B: Qu'est ce que ça veut dire?

A: La semaine suivant les fêtes de Noël, il y a des soldes dans les magasins de Paris, et ça dure un mois à peu près. C'est la période qu'attendent les femmes toute l'année!

B: Bravo, j'ai vraiment de la chance!

A: Beaucoup de françaises au foyer profitent de cette occasion pour tout acheter, ainsi que certains articles de luxe.

B: Tous les prix sont réduits?

A: Surtout les vêtements, les chaussures, et les articles quotidiens, les produits alimentaires ne sont pas concernés. Je t'amène aux Quatre Temps de la Défense, qui est le plus grand centre commercial d'Europe avec une superficie de 100 mille mètres carrés.

B: On y trouve toutes les grandes marques?

A: Surtout des marques populaires. Pour de grandes marques, on doit aller au Printemps, aux galeries Lafayette ou dans des magasins de marques.

B: La réduction, est-elle importante?

A: Oui, en général, au moins 50% de réduction, et de moins en moins cher avec le temps. Par contre, si tu veux acheter ce qu'il te plaît, il faut y aller assez tôt, sinon, les articles sont vendus.

B: Tu as raison.

A: Alors pourquoi hésiter, allons-y!

B: Allons-y!

A: 你来得真是时候，虽然错过了圣诞节的狂欢，却赶上了"购物者的狂欢"！

B: 什么意思？

A: 圣诞节后的一周开始，巴黎的商场都会大减价，持续差不多一个月。这可是女人们等待了一年的节日！

B: 哇，我真是好运气！

A: 很多法国的家庭主妇，利用大降价的机会，把一年要穿的、戴的都买了，或者买一些高档品。

B: 所有的商品都打折吗？

A: 主要是衣服、鞋帽、日用品之类的，食品一般不打折。我带你去拉德芳斯的四季商场去，它是目前欧洲最大的商业中心，营业面积达到了10万平方米。

B: 那里能买到所有品牌吗？

A: 主要是比较大众的品牌，如果想买大品牌，要去春天商场、老佛爷商场或者这些品牌的专卖店。

B: 折扣很大吗？

A: 一般都能到半价，而且越到最后越便宜。不过，要想买到称心如意的产品要趁早，晚了就没货了。

B: 有道理。

A: 那还犹豫什么，赶紧去抢购吧。

B: 同去同去。

4. Le marché aux puces 跳蚤市场

A: Aujourd'hui, on va au marché aux puces.

B: Qu'est-ce que c'est, le marché aux puces?

A: C'est un marché où l'on vend des objets d'occasion, et il y en a plusieurs à Paris. Celui dans lequel nous allons aujourd'hui, est l'un des plus grands, situé à Clignancourt, au nord de la ville.

B: Pourquoi l'appelle-t-on « marché aux puces »?

A: À l'origine, c'est un marché spontané dont l'emplacement et les horaires ne sont pas fixés comme la puce, où on vend des objets d'occasion. Et alors, le nom fût alors conservé malgré l'évolution du marché.

B: Qu'est-ce qu'on vend là-bas?

A: Tout, des bracelets et boucles aux appareils électroniques.

B: Cela paraît intéressant.

A: Très intéressant, surtout pour l'étudiant des beaux-arts que tu es.

B: Pourquoi?

A: Il y a beaucoup d'objets d'art, tels que des statues, des peintures, et des objets exotiques. Tu vois, le porte-bonheur que je porte, je l'ai acheté la dernière fois là-bas.

B: C'est chic. C'est en argent?

A: Oui et avec un peu d'os de cerf. Je l'ai trouvé dans un rayon spécialisé sur les objets indiens, et il y a d'autres choses intéressantes. À côté, c'est le rayon des antiquités où s'accumulent des vases arabes, très colorés et exotiques.

B: Ce sont de vraies antiquités?

A: Je ne sais pas. C'est toi le spécialiste en la matière, tu le verras de tes propres yeux.

B: Rien ne nous empêche d'y aller tout de suite.

A: Allons-y. Un des plaisirs du marché aux puces, c'est de pouvoir marchander. Tu le verras bientôt.

A: 今天咱们去逛逛跳蚤市场。

B: 什么是跳蚤市场？

A: 跳蚤市场是专卖旧货的市场，在巴黎有好几个。我们今天要去的是比较大的一个，在城北的克里尼昂库尔。

B: 为什么叫"跳蚤市场"呢？

A: 据说是一开始是自发的市场，地点不固定，时间也不确定，就像跳蚤似的，主要卖些二手货。后来虽然市场已经演变了，但名称一直沿用了下来。

B: 这种市场里都卖些啥？

A: 什么都有，小到手镯耳环，大到家用电器。

B: 有些意思。

A: 非常有意思，对你这个学艺术的人来说尤其如此。

B: 为什么呢？

A: 那里有很多的艺术品，如雕塑、绘画，还有异国情调的东西。你瞧，我戴的这个护身符，就是我上次去跳蚤市场买的。

B: 真漂亮，好像是白银做的？

A: 白银，还有一点鹿骨。我在一个专卖印第安饰品的摊子上买的，还有很多其他的漂亮东西呢。旁边就是一个卖古玩的，堆了很多阿拉伯风格的瓶瓶罐罐，花里胡哨的，很有阿拉伯风情。

B: 是真的古董吗？

A: 不知道，你是这方面的行家，可以亲眼看看。

B: 咱们赶紧去吧。

A: 好的。逛跳蚤市场的一大乐趣在于能讨价还价，一会儿你就能感受到。

Phrases complémentaires 补充句型

1. Ce tissu est à combien le mètre? 这种布料多少钱一米？

2. Quel est le prix? 您卖什么价？（是什么价？）

3. Quelle est votre taille? 您的尺码是多少？

4. Quelle pointure faites-vous? 您的鞋子多大号？

5. Je veux une paire de chaussures en cuir noir. 我想买一双黑色的皮鞋。

6. Vous voulez des chaussures à talons hauts ou plats? 您想要高跟的还是平跟的？

7. Les chaussures sont un peu serrées. 这双我穿着有点紧。

8. Cet habit est large pour moi. 衣服有点大。

9. Je veux une chemise grise. 我要一件灰色的男式衬衫。

10. Quelle couleur préférez-vous? 您喜欢什么颜色？

11. Hélène vient d'acheter un foulard rouge en soie. 伊莲娜新买了一条红色的丝围巾。

12. Il y a beaucoup de magasins de luxe sur l'Avenue des Champs-Élysées. 香榭丽舍大街上有很多奢侈品店。

13. Les galeries Lafayette sont le plus grand magasin de Paris, situé près de l'Opéra Garnier. 老佛爷是巴黎最大的商场，在歌剧院附近。

14. Mon petit ami m'a offert un collier de cristal Swarovski pour mon anniversaire. 我的男朋友给我买了一条施华洛世奇的水晶项链作为生日礼物。

15. Ce chapeau te va bien. 这个帽子很适合你。

16. C'est le prix donné. 这个价格太便宜了。

17. La place Vendôme est un centre des magasins d'orfèvrerie. 旺多姆广场是金店的汇集地。

18. Je veux acheter des cartes de Noël, où se trouvent-elles? 我想买圣诞

卡，请问哪里有售？

19. Le jean est adoré par les jeunes. 牛仔服最受年轻人的青睐。
20. Carrefour est la plus grande chaîne de supermarché de France et il y en a plusieurs à Beijing. 家乐福是法国最大的超市连锁店，在北京也有好几家。

🔗 Le fromage　链接：干酪

Les Français disent souvent « Un repas sans fromage est une belle à qui il manque un œil». Ils aiment manger du fromage, et sont fiers de ses variétés. Le général De Gaulle a dit : « Comment voulez-vous gouverner un pays où il existe 365 variétés de fromage? » En effet, la France a plus de 400 variétés de fromage.

Voici les plus connus :

Le Camembert, produit dans la région Normandie, fabriqué avec du lait de vache cru ou pasteurisé, dont la pâte est souple et douce. Sa durée moyenne d'affinage est de 3 au 6 semaines environ.

Le Brie, originaire de la région d'Île de France. Il a été élu « Roi des fromages » par un jury d'ambassadeurs européens. Son affinage est rapide, et sa croûte tire sur le rouge et sa pâte a un goût de noisette.

L'Epoisses, spécialité de la région de Bourgogne. Il dégage un fort parfum, et sa saveur est corsée. Son affinage est relativement long, de 2 à 4 mois.

Le Roquefort, produit aveyronnais. Sa pâte est persillée et veinée.

Le Cantal, fierté du département du Cantal, « le plus ancien des fromages français » avec son histoire de plus de 2000 ans. Son affinage est long, soit 3 mois.

 Le fromage peut être mangé tout seul, ou accompagné de pain et de vin. Quelque soit la façon de le manger, c'est un grand plaisir pour les Français.

  法国人说,"饭后甜点里没有奶酪,就好比美女缺少了一只眼睛。"法国人不仅钟爱自己的奶酪,而且为法国有这么多种的奶酪感到自豪。戴高乐将军曾说过,"天知道怎么才能管理好这个有着365种奶酪的国家",而实际上法国的奶酪品种超过了400种。

  法国最著名的奶酪有:

  卡芒贝奶酪,产于诺曼底地区的卡芒贝奶酪,主要用鲜牛奶或消毒牛奶制成,柔软而口感较淡,其成熟期一般为3到6个星期。

  布里奶酪,产自法兰西岛地区,曾经被欧洲使团评选为"奶酪之王",其成熟期较短,奶酪皮呈红色,带有榛子口味。

  埃普瓦斯奶酪是勃艮第地区的特产,口味厚重,有明显的香味,成熟期很长,约为2到4个月。

  洛克佛尔奶酪产自阿韦龙省,多气孔,表面有青霉菌斑。

  康塔勒奶酪是康塔勒省的骄傲,大约有2000年的历史,被誉为"法国最年长的奶酪",成熟期较长。通常为3个月。

  奶酪可以干吃,也可以配着面包,就着红酒吃。但无论怎样吃,对法国人来说总是巨大的享受。

UNITÉ 13 LA BANQUE
第十三章　　银　行

1. Dans un bureau de change　在兑币点

A: Bonjour!

B: Bonjour!

A: Je voudrais changer ce chèque de voyage, SVP.

B: Désolée, Monsieur. Nous n'acceptons pas les chèques de voyage. Ils doivent être changés en banque. Ici, nous ne changeons que l'argent liquide.

A: Alors, je changerai d'abord des dollars contre des euros. Quel est le cours d'aujourd'hui?

B: 1 euro vaut 1,25 dollar.

A: Je voudrais changer 1000 dollars, dont la moitié en petit monnaie.

B: D'accord, deux minutes SVP.

A: Pourriez-vous me donner certaines pièces de monnaie de valeurs différentes? J'aime bien collectionner des pièces de différents pays.

B: Pas de problème, mais cela va nécessiter un peu d'attente.

A: Pas de problème.

……

B: C'est prêt. Vous pouvez les compter.

A: Merci.

A: 早上好！

B: 早上好！

A: 请帮我兑换这张旅行支票。

B: 对不起，先生，我们这里不接受旅行支票。旅行支票要去银行兑换，我们只兑换现钞。

A: 好吧，我先兑换一些欧元吧。请问今天美元与欧元的汇率是多少？

B: 1 欧元兑换 1.25 美元。

A: 请您给我兑换 1000 美元，其中一半给零钱。

B: 好的，请稍等。

A: 您能给我一些不同面值的硬币吗？我喜欢搜集各国的钱币。

B: 没问题，不过，可能需要等一会儿。

A: 没关系。

……

B: 好了，您清点一下。

A: 谢谢。

2. Dans la banque BNP Paribas　在巴黎国民银行

A: Bonjour, Monsieur! Qu'est-ce que je peux faire pour vous?

B: Bonjour, Madame! Je veux ouvrir un compte.

A: Êtes-vous Français?

B: Non, je suis étudiant chinois.

A: Avez-vous apporté votre passeport, votre carte d'étudiant et un certificat de scolarité?

B: Oui.

A: Alors, vous remplissez d'abord ce formulaire : nom et prénom, nationalité, adresse etc. Puis vous devez signer un contrat avec nous. Lisez le contrat, si vous êtes d'accord, signez en bas, SVP.

B: D'accord…J'ai signé.

A: Puisque vous avez une somme importante, je vous conseille d'ouvrir en même temps un compte épargne de logement, avec lequel vous pouvez avoir des intérêts.

B: Cela ne m'empêche-t-il pas d'avoir accès à mon argent?

A: Pas du tout, vous n'avez qu'à faire un virement sur votre compte chèques par Internet.

B: C'est bien. Je vais faire comme vous me proposez.

……

A: Voici votre RIB, vous avez besoin de ce numéro pour recevoir des virements. C'est le code secret qui vous permet d'accéder aux comptes sur Internet.

B: Je peux faire le virement directement par Internet?

A: Oui, vous pouvez aussi vérifier vos comptes sur Internet quand vous voulez.

B: C'est formidable.

A: Gardez bien cette carte bleue, avec laquelle vous pouvez payer, et retirer de l'argent dans les distributeurs automatiques.

B: Merci pour votre service, au revoir!

A: À votre service, au revoir!

A: 您好，先生！可以为您做些什么？

B: 您好，女士！我想开一个账户。

B: 您是法国人吗？

A: 不是，我是中国留学生。

A: 您带来了护照、学生证和学校证明吗？

B: 带了。

A: 您先填一张个人信息表：姓名，国籍，住址等。您需要和我们签一份合同。您先阅读一下合同内容，如果同意，请签字。

B: 好的。……我签好了。

A: 您的存款比较多，建议您再开一个定期账户，这样您可以得到一些利息。

B: 那不会妨碍我随时动用账户上的钱吗？

A: 不会的，您只要在网上把需要的数目预先支到活期账户上就可以了。

B: 那太好了，就照您说的办吧。

……

A: 这是您的银行账户证明，凭借它您可以收取汇款。这个密码可以使您登录您在网上银行的账户。

B: 我可以直接在网上转账吗？

A: 当然，您还可以随时在网上核对您的账户。

B: 太棒了。

A: 您拿好这张蓝卡，凭它可以在自动取款机上付款和取款。

B: 谢谢您的周到服务，再见！

A: 随时为您服务！再见！

3. Au distributeur automatique 自动取款机前

A: Excusez-moi, puis-je payer le gaz avec la carte bancaire?

B: Bien sûr. Vous pouvez le faire depuis le distributeur automatique.

A: Je ne l'ai encore jamais utilisé, et de plus cela me fait peur.

B: Pourtant c'est simple. Une fois que vous saurez vous en servir, je suis sûr que vous l'apprécierez.

A: Vous avez raison, sans doute.

B: Cette machine est très intelligente et elle peut faire beaucoup de choses. Vous pouvez y tirer de l'argent ou en déposer, vous pouvez également payer le téléphone, le gaz, l'eau et l'électricité etc.

A: Puis-je aussi envoyer de l'argent à un ami dans une áutre ville?

B: Bien sûr, mais pour le moment on le fait seulement entre des comptes de la même banque. Un jour, avec le réseau, cette limite n'existera plus.

A: On dit que la carte est vraiment utile.

B: Sans aucun doute, c'est très pratique. Gardez-la bien et retenez par cœur le code.

A: Maintenant je veux savoir le solde de mon compte.

B: C'est facile. Vous insérez la carte dans le distributeur automatique et saisissez le code, il apparaît sur l'écran plusieurs options et vous choisissez « solde » et vous l'aurez.

A: Je vais essayer tout de suite.

B: Si vous avez un carnet de dépôt, vous le mettez dedans, la machine vous imprime la somme.

A: C'est vrai? C'est formidable!

B: D'ailleurs, cette machine travaillant jour et nuit, cela vous facilite beaucoup la vie.

A: Merci de vos explications.

B: Je vous en prie.

A: 请问，我能用银行卡支付煤气费吗？

B: 当然可以。在自动取款机上就可以操作。

A: 我从来没用过自动取款机，而且我对它有恐惧感。

B: 其实很简单的，一旦学会了使用它，您就会喜欢上它了。

A: 或许您说得对。

B: 这机器很聪明，可以办很多业务。您可以取款、存款，还可以交电话费、煤气费、水电费等。

A: 如果我想给另一个城市的朋友汇款呢？

B: 当然可以，但目前只能在同一家银行的不同账户之间进行。等联网以后，或许就没有这个局限了。

A: 看来银行卡真的很有用啊。

B: 当然，而且很方便。您要好好保管，记住密码。

A: 现在我想知道账户上的余额。

B: 很简单。您只要把卡插入自动取款机，输入密码，然后屏幕会出现若干选项。您选择"显示余额"，它就会告诉您了。

A: 我马上就来试试。

B: 如果您有账户存折，可以把它放进去，它就会自动把余额打印在存折上。

A: 真的吗？真是了不起！

B: 这台机器 24 小时运行，会给您带来极大的方便。

A: 谢谢您的介绍。

B: 不客气。

Phrases complémentaires 补充句型

1. Je suis bien au guichet de change? 这是外汇兑换柜台吗？
2. Aujourd'hui, le cours est de 7, 11 yuans pour 1 dollar. 今天的汇率是 7.11 元人民币兑换 1 美元。
3. J'attends un mandat télégraphique en provenance de Chine, est-il arrivé? 我在等一笔中国来的电汇，到了没有？

4. Quel est le taux d'intérêt annuel? 年息多少？

5. Demain, je dois aller à la banque pour retirer ce transfert. 明天我必须去银行提取这笔汇款。

6. Quel est le solde de mon compte? 我的账上还有多少钱？

7. J'ai besoin d'effectuer un virement vers le compte d'une banque étrangère. 我需要给一家外国银行转一笔账。

8. À chaque début du mois, je reçois le relevé de compte. 每个月月初，我都会收到银行寄来的对账单。

9. Quelle est la commission bancaire pour un transfert? 请问汇款的手续费是多少？

10. Est-ce que je peux disposer à tout moment de ce compte? 这笔存款我能随时动用吗？

11. Vous voulez mettre cette somme au dépôt à terme? 这些钱您想存定期吗？

12. Vous avez signé au mauvais endroit. 您签字签错了地方。

13. Nous pouvons vous faire une lettre de crédit dont la durée n'est que 90 jours. 我们只能给您开一个有效期为 90 天的信用证。

14. Pouvez-vous m'envoyer l'avis de règlement? 您能把结算通知单寄给我吗？

15. Faites-moi de la monnaie, SVP. 请给我换些零钱。

16. Votre carte à crédit est à découvert. 您的信用卡透支了。

17. Je viens déclarer la perte de ma carte. 我来挂失我的信用卡。

18. Il faut le certificat de dépôt de la banque pour demander un visa. 申请签证需要银行的存款证明。

19. Quelles sont les formalités pour demander un emprunt? 申请贷款的手续有哪些？

20. Il faut payer les frais annuels de la carte de crédit. 使用信用卡要缴纳年费。

🔗 SMIC 链接：跨行业最低增长工资

L'antécédent du SMIC (Salaire Minimum Interprofessionnel de Croissance) est le SMIG (Salaire Minimum Interprofessionnel Garanti) créé en 1950. Sa création a permis de défendre les intérêts de nombreux personnes qui ont des diplômes moins élevés et des capacités de travail plus faibles. Mais au fur et à mesure, le SMIG se laisse distancer par le salaire médian, et ne correspond plus à la vitesse du développement macroéconomique de la France, ses limites l'éloignent de ses objectifs. Alors, le gouvernement français a remplacé le SMIG par le minimum garanti et le SMIC. Le SMIC sert non seulement à rattraper l'écart avec le salaire médian, mais aussi à garantir le pouvoir d'achat des salariés du bas de l'échelle hiérarchique, et d'assurer leur participation au développement économique de la nation.

En effet, le SMIC est la rémunération minimale d'une heure de travail. Le premier juillet de chaque année, le gouvernement français revalorise le SMIC en fonction de l'évolution du pouvoir d'achat des autres salariés. Au premier janvier 2019, le montant du SMIC horaire brut était fixé à 10,03 €, soit 1521,22 € mensuels. En plus, il augmente automatiquement dans le cas où l'indice des prix à la consommation (indicateur de mesure de l'inflation) progresse de 2%. De plus, il peut être augmenté ponctuellement par décision gouvernementale et est alors utilisé comme outil de contrôle de la politique macroéconomique.

SMIC 是法国跨行业最低增长工资的简称，其前身是1950年设定的SMIG，即跨行业最低保障工资。跨行业最低保障工资的设立对于保障社会中占相当数量的学历不高、劳动技能较弱的群体的利益起到了积极作用。但是由于最低保障工资的增长速度远远低于法国国内整体经济增长速度，与平均工资的差距越来越大，随着时间的推移，日益显现了其局限性。鉴于此种状况，1970年，法国政府决定用跨行业最低增长工资取代最低保障工资。最低增长工资除了能够弥补最低工资与平均工资增长之间的差距外，更重要的是保证低收入阶层的购买能力，使他们参与到国民经济增长中。

实际上，跨行业最低增长工资就是每个工作小时的最低报酬。每年7月1日，法国政府都会根据其他工资阶层的购买能力调整最低增长工资的标准。2019年1月1日的标准为每小时毛收入10.03欧元，合每月1521.22欧元。法国政府还规定：如果消费价格指数的增长超过2%，最低增长工资就会自动增长。此外，政府还可能随时根据需要提高最低增长工资，因此，它也是法国宏观经济政策调控的一个重要工具。

UNITÉ 14 LA POSTE
第十四章　　邮　政

1. À la poste   去邮局

A: Henri, peux-tu me dire comment aller à la poste?

B: C'est assez loin. Il vaut mieux y aller en tramway et il y a une station juste devant la poste.

A: Merci. Sais-tu à quelle heure elle ouvre?

B: Du lundi au vendredi, de 9 heures à 16 heures, et en demi-journée le samedi.

A: Et le dimanche?

B: Non, elle est fermée le dimanche.

A: Il y a du monde?

B: Assez. Parce que la poste ne se limite pas aux affaires traditionnelles, mais également aux services semblables de banque et de société d'assurance tels que le change, le dépôt et les assurances etc.

A: J'ai compris.

B: Mais ne t'inquiète pas, il y a plusieurs guichets à la poste, on n'attend pas longtemps normalement.

A: Connais-tu le prix d'une lettre recommandée pour la Chine?

B: Non, je ne sais pas. Deux euros peut-être.

A: Il est 2h45 de l'après-midi, je dois y aller, sinon la poste va fermer. À tout à l'heure.

B: À tout à l'heure.

A: 亨利，能告诉我怎么去邮局吗？

B: 挺远的。你最好坐电车去，邮局门口正好有一站。

A: 谢谢！你知道邮局几点开门吗？

B: 周一至周五，每天早上 9 点到下午 4 点。星期六只开半天。

A: 那星期天呢？

B: 星期天关门。

A: 邮局里人多吗？

B: 挺多的。主要是因为邮局的业务不仅仅局限在传统的邮政业务上，还经营一些类似银行、保险公司的业务，比如汇兑、存款和保险等等，所以人总是不少。

A: 原来如此。

B: 不过，你别担心，邮局的窗口很多，一般来说也不会等太长时间。

A: 你知道寄到中国的挂号信大约要多少钱吗？

B: 我也不太清楚，差不多要 2 欧元吧。

A: 现在是下午 2 点 45 分，我得走了，要不待会儿邮局下班了。回头见。

B: 回头见。

2. Une lettre　寄信

A: Bonjour, Monsieur.

B: Bonjour, Madame. S'il vous plaît, quel est l'affranchissement d'une lettre pour l'Australie?

A: Lettre ordinaire ou par avion?

B: Par avion.

A: Si elle pèse moins de 20 g, l'affranchissement est de 1,5 euro.

B: Je voudrais expédier cette lettre en recommandé par avion.

A: D'accord, je la pèse… 18 grammes, avec 0,5 euro de recommandation, ça fait 2 euros … Mais, regardez, Monsieur, vous n'avez pas encore écrit le nom et l'adresse du destinataire.

B: Où j'écris? Comment écrire?

A: Regardez, vous écrivez le nom et prénom du destinataire en premier, puis en deuxième ligne, vous écrivez le numéro et le nom de la rue, enfin en troisième, la ville, le pays et le code postal.

B: J'ai compris. …Regardez, ai-je bien écrit?

A: Oui, très bien. Vous pouvez rajouter en haut à gauche votre adresse, pour qu'elle puisse revenir en cas de non distribution.

B: Vous avez raison et merci.

A: À votre service.

A: 您好，先生。

B: 您好，女士。请问，寄一封到澳大利亚的信多少钱？

A: 平信还是航空？

B: 航空。

A: 如果信的重量不超过 20 克的话，邮费是 1.5 欧元。

B: 这封信我寄航空挂号。

A: 好的，我称一下……18 克，再加 0.5 欧元的挂号费，一共 2 欧元。……不过先生，您瞧，您还没写收信人姓名和地址呢！

B: 写在哪里？怎么写？

A: 在第一行写收信人的名字和姓氏，在第二行写街道名和门牌号码，在第三行写城市名称、国家和邮政编码。

B: 明白了……您看,我写得对吗?

A: 嗯,很好,您还可以在左上角加上您的姓名地址,以防信件寄不到方便给您返回。

B: 您说得很有道理,谢谢。

A: 乐意为您服务。

3. Un colis　寄包裹

A: Bonjour! Est-ce que j'ai encore le temps pour expédier ce colis?

B: Bien sûr, il reste encore deux heures avant la fermeture.

A: C'est bien.

B: SVP, qu'est-ce qu'il y a dans ce colis?

A: Des Livres, trois livres.

B: Pourriez-vous l'ouvrir? Il nous faut vérifier les articles et faire l'emballage de nouveau.

A: D'accord.

B: Comment voulez-vous l'expédier?

A: Il est lourd mon colis. Quel moyen est le meilleur?

B: Le plus cher mais aussi le plus rapide, c'est l'envoi par avion. Et le plus économique mais aussi le plus long, c'est l'envoi par bateau.

A: Combien de temps par mer?

B: Un mois à peu près.

A: Puisqu'il n'est pas urgent, je préfère l'envoyer par bateau.

B: Vous voulez déclarer la valeur?

A: Non, ce n'est pas la peine.

B: D'accord. Maintenant, veuillez faire la queue au guichet 4.

A: Merci.

B: Il n'y a pas de quoi.

A: 下午好！请问，我是不是还来得及寄这个包裹？

B: 当然，离下班还有两个小时呢。

A: 那就好。

B: 请问这里面是什么东西？

A: 书，一共三本。

B: 请您打开它好吗，我们需要确认里面的东西并重新打包。

A: 好的。

B: 您想怎么寄？

A: 这些书很重，用哪种方式寄比较好呢？

B: 航空最贵但也是最快的方式，海运最便宜，但时间最长。

A: 海运需要多少天呢？

B: 一个月左右吧。

A: 反正这些书不等着用，就海运吧。

B: 您需要保值吗？

A: 我想不必了。

B: 好的，现在您去4号窗口排队等候就可以了。

A: 谢谢。

B: 不客气。

4. DHL 特快专递

A: Mademoiselle, SVP, j'ai un dossier urgent pour Beijing Chine, quel moyen est le plus rapide et le plus sûr?

B: DHL.

A: Ça arrive en combien de jours?

B: Trois jours.

A: C'est intéressant. Ça coûte combien?

B: Au moins 50 euros et le prix augmente selon le poids.

A: Le prix par contre, n'est pas intéressant!

B: C'est normal, Monsieur. Les autres moyens sont moins chers, mais beaucoup plus lents.

A: Vous avez raison, DHL, d'accord.

B: Je le pèse, un peu d'excédent... Ça fait 55 euros... Voici le code de votre courrier, vous pouvez saisir le code sur le site Internet de la société pour suivre le cheminement du courrier.

A: C'est formidable avec ce service!

B: Cela mérite le prix, et comme ça vous serez rassuré. D'ailleurs, s'il y avait du retard, vous pouvez vous plaindre et exiger un remboursement.

A: Je le sais, merci.

B: Je vous en prie.

A: 小姐，您好，麻烦问一下，我有个急件要寄到中国北京，用什么方式既快捷又安全？

B: 用特快专递吧。

A: 几天能到？

B: 三天。

A: 真快呀。那大约需要多少钱？

B: 起价是50欧元，按重量递增。

A: 价格也真是不菲呀！

B: 这很正常，先生。其他的方式便宜，但速度慢。

A: 您说得对，那就寄特快专递吧。

B: 我称一下重量，稍稍过了一点……一共 55 欧元。这是您的快件的编码，您可以登录这个公司的网站，输入编码，跟踪快件的状态。

A: 还有这种功能，真是太好了！

B: 物有所值嘛，这样您就放心了。而且万一邮件耽搁了，您还可以投诉，并要求赔偿。

A: 明白了，谢谢。

B: 不客气。

Phrases complémentaires　补充句型

1. Je vais expédier un mandat. 我要汇款。
2. Y a-t-il des albums de timbres à vendre? 有集邮册卖么？
3. Je veux envoyer une carte postale, c'est combien? 我想寄张明信片，多少钱？
4. Ce genre de colis ne peut pas être envoyé. 这种包裹不能寄。
5. Envoyez un fax pour moi. 请帮我发一份传真。
6. Destinateur inconnu. 收件人不明（查无此人）。
7. Prière de toucher le mandat dans les trois jours. 请在三天之内领取邮政汇款。
8. Quels sont les frais de transfert? 汇费多少？
9. Prière de faire suivre Monsieur... 请转寄某某先生。
10. Port payé. 邮资已付。
11. Douze enveloppes par avion, c'est combien? 我要一打航空信封，多少钱？
12. Ce timbre de collection a une grande valeur. 这种纪念邮票非常具有收

藏价值。

13. En Chine, le poste distribue des revues périodiques, en ville et en campagne. 在中国，邮局代为发行期刊，网络遍及城乡。

14. Pardon, Madame, les produits inflammables sont interdits à l'envoi. 对不起，女士，易燃品不能邮寄。

15. J'aime bien collectionner l'enveloppe du premier jour. 我喜欢收集首日封。

16. Prière de l'envoyer comme imprimés. 请把这个当印刷品寄。

17. Vous avez une boîte postale? 您有邮政信箱吗？

18. Composez d'abord le zero, puis le numéro désiré. 先拨零，再拨您想要的号码。

19. Quel est l'affranchissement pour une lettre ordinaire? 一封平信要贴多少邮票？

20. Service à domicile pour l'envoi collectif. 大宗邮件上门服务。

Le parfum 链接：香水

L'industrie de la parfumerie et des cosmétiques français est connue dans le monde entier, ainsi que l'industrie de haute couture et l'industrie viticole. Ce sont les trois industries de haute qualité de la France.

L'histoire de la parfumerie et des cosmétiques en France commença vers le XIIIe siècle. À partir de cette époque-là, le maquillage devint une mode non seulement pour les femmes, mais aussi pour les hommes. La première entreprise de parfumerie française fut créée en 1730 à Grasse, petite ville située dans le sud de la France. Depuis lors, Grasse est devenue une base de production des essences et des parfums, et fût même renommée « la capitale de parfum du monde ». En 1921, le prestigieux « Chanel №5 » y vit le jour.

  Selon la densité d'essence, on donne des parfums des noms différents tels que « eau de toilette », « eau de Cologne », « eau de parfum » et « parfum ». En général, cela est indiquées sur les bouteilles.

  Les plus célèbres marques sont : Chanel, Christian Dior, Lancôme et Yves Saint Laurent, etc. Chaque marque a encore des sous marques, par exemple, Chanel possède Coco Mademoiselle, Allure, Chance en plus de Chanel 5; Lancôme a Trésor et Miracle; et les sous marques J'adore, Poison et Eau Sauvage de Christian Dior sont les mieux vendues.

　　法国香水及化妆品业举世闻名，它与法国时装、法国葡萄酒并称为法国三大精品产业。

　　法国人使用香精香料和化妆品的历史始于十三世纪前后，在当时的宫廷里，不仅女人乐施粉黛，男人也粉面纹唇。法国第一家香精香料生产公司 1730 年诞生于法国南部的小城格拉斯。从此，格拉斯就成为法国香料的重要产地和香水生产基地，甚至被誉为"世界香水之都"。1921 年，著名的"香奈尔 5 号"就诞生在这里。

　　香水依据其所含香精浓度的大小而具有不同的名称，例如"化妆水""古龙水""化妆香水"和"香水"。一般来说，这些标志在包装上都会注明。

　　最著名的法国香水有香奈尔，迪奥或称 CD，兰蔻，伊夫·圣罗兰等等。每一家又推出了若干不同的品牌，如香奈尔公司除了有大名鼎鼎的"香奈尔 5 号"以外，还有 COCO Mademoiselle, Allure, Chance 等，兰蔻公司拥有著名的 Trésor、Miracle，而 J'adore、Poison、Eau Sauvage 则是迪奥公司的畅销品种。

UNITÉ 15 L'UNIVERSITÉ

第十五章　大　学

1. L'inscription 注册

A: Bonjour, Madame.

B: Bonjour, Monsieur.

A: Je m'appelle Li Ming, je suis étudiant chinois, et je viens faire mon inscription.

B: Attendez s'il vous plaît. Vous remplissez d'abord le formulaire. Est-ce que vous avez apporté votre photo?

A: Oui, avec mes papiers.

B: C'est bien.

A: Dois-je vous payer maintenant mes frais d'études?

B: Non, par virement bancaire.

A: À combien se montent-ils?

B: 5000 euros par semestre.

A: Dois-je payer en une fois?

B: Vous pouvez choisir, soit payer en une seule fois, soit mensuellement.

A: D'accord.

B: Voici la clef de votre boîte postale... Demain, revenez ici pour obtenir votre carte d'étudiant.

A: D'accord. Merci Madame.

B: De rien. Bon séjour en France.

A: 下午好，女士。

B: 您好，先生。

A: 我是来自中国的学生李明，我来办理注册手续。

B: 请等一下。请先填这个表。您带照片了吗？

A: 带了，还有我的个人材料。

B: 好的。

A: 我现在必须交学费吗？

B: 不，通过银行转账。

A: 一共多少？

B: 一学期 5000 欧元。

A: 我要一次付清吗？

B: 您可以选择，可以一次付清，也可以按月付。

A: 好的，明白了。

B: 这是您的信箱钥匙……您明天到我这里取学生证就可以了。

A: 好的，女士，谢谢您。

B: 不客气，祝您在法国生活愉快。

2. La rencontre avec le professeur　见到导师

A: Bonjour, Monsieur Périchon.

B: Bonjour, Wang Lin.

A: Enchanté de vous voir.

B: Bienvenu. Nous sommes 25 dans la classe, et tu es le seul asiatique.

Pour avoir passé tant de concours pour entrer à HEC, tu es un excellent étudiant.

A: J'ai eu de la chance.

B: Tu parles bien français et sans aucun accent!

A: Merci, j'ai commencé à apprendre au collège, depuis une dizaine d'années.

B: Ça fait combien de temps que tu es ici? Cette nouvelle vie te plaît?

A: Je suis arrivé il y a une semaine, ça va. Vous savez, pour les jeunes c'est toujours plus facile de s'adapter à un nouvel environnement.

B: Pourquoi as-tu choisi la comptabilité comme spécialité?

A: Parce que c'est une matière qui m'intéresse beaucoup. J'ai fait mes études de comptabilité à l'université, et je voudrais bien me perfectionner dans cette matière.

B: Qu'est-ce que tu vas faire après tes études? Il est un peu tôt pour en discuter, mais, tu sais, un an ça passe vite, et tu vas devoir affronter ce problème bientôt.

A: Je n'y pense pas encore beaucoup. Mais, je crois que je vais rentrer en Chine. Il y a plus d'occasions en Chine et c'est plus facile de trouver un travail avec mes connaissances.

B: C'est bien, jeune homme. Je te souhaite un bon séjour en France. N'hésite pas à me dire si tu as des problèmes.

A: Merci, Monsieur Périchon.

A: 您好，贝里松先生。

B: 你好，王林。

A: 很高兴见到您。

B: 欢迎你。咱们班共有25人，你是唯一的亚洲学生。经过几轮考试进入巴黎高等商业学校学习，说明你是一个非常优秀的学生。

A: 我只是运气比较好而已。

B: 你的法语讲得很好，一点口音都没有！

A: 谢谢，我从中学就开始学习法语，已经有十几年了。

B: 到法国几天了，还习惯这里的生活吗？

A: 来了一周了，一切还算顺利。您知道年轻人总是很容易适应新环境。

B: 你为什么选择会计这个专业呢？

A: 我一直很喜欢这个专业。我在大学里学的就是会计，希望能继续深造。

B: 毕业后有什么打算？虽然现在谈这些为时尚早，但是你知道，一年过得很快，这个问题你很快就要面对了。

A: 我还没有想太多，不过，我想我会回到国内。国内的机会比较多，凭借着我的所学，应该比较容易找到工作。

B: 说的对，年轻人。祝你在这里学习愉快，有什么困难可以随时与我联系。

A: 谢谢您，贝里松先生。

3. La bibliothèque 图书馆

A: Bonjour, Émilie.

B: Bonjour, François. Est-ce que tu peux me présenter un peu la bibliothèque?

A: Volontiers. Elle est ouverte de 7 heures du matin à 8 heures du soir, du lundi au vendredi.

B: Et le week-end?

A: Elle est ouverte jusqu'à 6 heures du soir le samedi, et le dimanche est le jour de fermeture. Regarde, tous les livres sont bien classés, on peut facilement les trouver.

B: Y a-t-il des journaux et des magazines dans la bibliothèque?

A: Bien sûr, dans ce coin-là. On ne peut pas les emprunter, on ne peut que les lire sur place. Mais si tu trouves un article intéressant, tu peux le photocopier en utilisant les photocopieuses.

B: Et comment fait-on pour payer?

A: C'est 0,10 euro par feuille. Tu dois obtenir une carte de photocopieuse avec 20 euros de crédit au moment de faire l'inscription. Tu peux la recharger avec ta carte bancaire, la machine est devant l'entrée de bibliothèque.

B: Oui, je me rappelle, j'ai vraiment reçu cette carte. Mais ce n'est pas bon marché 0,10 euro par feuille.

A: Je trouve aussi….Ces tables sont destinées aux étudiants désireux d'étudier ici….Et il y a plusieurs cabines à l'étage pour faire des devoirs du groupe ou discuter.

B: Je pense que c'est là-bas, le seul endroit de la bibliothèque où l'on peut parler fort!

A: C'est vrai.

B: J'ai encore une question, comment emprunter un livre?

A: C'est facile. Tu cherches d'abord ton livre, puis tu l'apportes au bureau des emprunts. Après, il te suffit de montrer ta carte d'étudiant.

B: Merci beaucoup!

A: Je t'en prie.

A: 你好，艾米丽。

B: 你好，弗朗索瓦。我还不太熟悉图书馆，你可以给我介绍一下吗？

A: 当然可以。图书馆从周一到周五开放，时间是早上7点至晚上8点。

B: 周末呢？

A: 周六开放到晚上6点，周日休息。你看，图书馆的书都分类摆放，很容易找到。

B: 图书馆里有报纸和杂志吗？

A: 当然，在那个角落里。但它们不外借，只能在这里阅读。如果你有需要的文章，可以用那边的复印机复印。

B: 怎么付费呀？

A: 每张纸 0.10 欧元。在注册的时候你应该收到了一张复印卡，里面已经有 20 欧元了，以后你可以用你的银行卡给它充值，充值的机器就在图书馆门口。

B: 想起来了，我确实收到了一张复印卡，不过 0.10 欧元每张纸还真不便宜。

A: 我也这么觉得。……这些桌子是供学生在这里自习用的。……楼上有好几个独立的小间，可以在里面做集体作业或者进行讨论。

B: 我想那是图书馆里唯一可以大声说话的地方了！

A: 确实如此。

B: 我还有一个问题，怎么借书呢？

A: 很简单。先去找你的书，然后把它拿到借书台，用你的学生证办理就行了。

B: 多谢你了！

A: 不客气！

4. Les examens 考试

A: Charles, nous aurons des examens la semaine prochaine, as-tu bien révisé?

B: Ne m'en parle pas, Émilie, j'ai vraiment la tête pleine.

A: Qu'est-ce qu'il y a?

B: Tu sais, j'ai peur de ne pas retenir le texte, alors j'ai mis plusieurs jours à apprendre le droit des sociétés, mais je n'arrive pas à retenir correctement. Il va falloir que je travaille très tard ce soir.

A: Et les autres cours?

B: Ça va. Tu sais, j'aime beaucoup tout ce qui concernent les chiffres tels que la fiscalité, la comptabilité.

A: Je t'envie tellement! Dans la classe, tu es toujours le meilleur et tu as toujours de bonnes notes sans te fatiguer.

B: Tu exagères!

A: Pour moi, c'est une catastrophe. L'année dernière, j'ai passé deux fois l'examen de mathématiques. Cette année, j'ai travaillé davantage, de crainte d'échouer encore.

B: Du courage, Émilie. Vouloir, c'est pouvoir. Je suis sûr que tu réussiras.

A: J'espère!

A：夏尔，下周就要考试了，你复习得怎么样了？

B：别提了，艾米莉，我脑子都大了。

A：怎么了？

B：你知道，我担心记不下来，于是花了好几天时间学习公司法，但总是记不住，看来今晚又要熬到很晚了。

A：其他的功课呢？

B：还好吧。你知道，我最喜欢税务、财务这些与数字有关的课。

A：真羡慕你啊！在班里，你总是最优秀的，总是不费劲就能取得好成绩。

B：哪有这么好！

A：我就惨多了。去年的数学考了两次才通过。这一年来我一直在努力学习，害怕再次通不过。

B：别灰心，艾米莉，俗话说，功夫不负有心人。我想你一定会成功的。

A：但愿如此！

5. Un entretien 就业面试

A: Bonjour, Monsieur.

B: Bonjour, Mademoiselle. Pourriez-vous vous présenter d'abord?

A: Je m'appelle Nathalie Cartier, mastère spécialisé audit et conseil de l'ESSEC. Avant, j'ai travaillé pendant deux ans comme comptable dans une petite entreprise. Je suis travailleuse, et j'ai l'esprit d'équipe et de création, j'aimerais obtenir ce travail plein de challenges.

B: Pourquoi avoir choisi notre société?

A: AXA est la première entreprise d'assurance en Europe et elle attire tous les candidats. Elle m'intéresse, parce que premièrement l'assurance est un métier plein d'avenir. Deuxièmement, votre société met à disposition un espace de développement pour les jeunes. Je crois que je pourrai y apprendre beaucoup de choses.

B: Vous êtes intéressé par le poste...

A: Le poste du contrôle de gestion.

B: Vous croyez que vous avez assez d'expériences pour cet emploi?

A: Peut-être franche, je ne sais pas, mais j'ai confiance en moi. Je suis jeune et énergique. On dit que c'est le premier pas qui compte. Je suis persuadée que je pourrai m'adapter à ces nouvelles conditions très rapidement.

B: D'accord, Mademoiselle. Merci de votre attention envers notre société. Nous vous envoyons une lettre officielle dans une semaine.

A: 您好，先生。
B: 您好，女士。您能先做一下自我介绍吗？
A: 我叫纳达利·卡迪耶，巴黎商校审计与咨询专业的专业硕士。进入大学之前，曾在一家小公司做过两年会计。我很勤奋努力，有团队精神和创新精神，喜欢有挑战性的工作。

B: 您为什么选择我们公司？

A: AXA 是欧洲首屈一指的保险企业，人人都希望在此获得工作的机会。它吸引我，一是因为保险行业本身是一个有前途的产业，二是因为贵公司为年轻人提供了一个发展的空间。我想在这里我可以学到很多东西。

B: 您应聘的职务是……

A: 管理控制。

B: 您认为您有足够的经验应聘这个职位？

A: 老实说我不知道，但我对自己有信心。我很年轻，精力充沛。俗话说，万事开头难。我相信我会很快适应新工作。

B: 好的，小姐，感谢您关注我们公司，您会在一周之内收到我们的正式通知。

6. La rencontre avec un ancien camarade 老同学见面

A: Émilie! Émilie!

B: Bonjour, Jacques! Quelle surprise! C'est incroyable de te rencontrer ici.

A: Tu habites le quartier?

B: Non, ma tante habite ici. C'est dimanche aujourd'hui, je viens la voir.

A: Quelle coïncidence! Ça fait huit ans que nous ne nous sommes pas vus.

B: Huit ans et demie, on ne s'est jamais revus après la fin de nos études. Comment vas-tu? Qu'est ce que tu as fait ces dernières années?

A: Au début, je suis entré dans une entreprise de commerce. Avec un patron ennuyeux, j'ai démissionné aussitôt. Puis je suis allé en Afrique et j'ai travaillé dans une société française de construction au

Bénin. Trois ans après, je suis rentré en France et j'ai créé une société d'informatique avec mes amis.

B: Oh, tu es devenu patron! Félicitations!

A: Une toute petite société. Et toi, J'ai entendu dire que tu étais aux États-Unis?

B: Oui, comme journaliste expatriée de RFI, je travaille toujours à New York et je rentre en France seulement pendant les vacances.

A: Et tu es mariée?

B: Oui. J'ai rencontré mon mari à New York, il est chef cuisinier dans un restaurant français. Nous sommes mariés et nous avons maintenant un fils de deux ans. Et toi?

A: Moi aussi. Ma femme Christiane est institutrice. Nous avons deux filles, l'aînée va à l'école cette année. Bref, je suis satisfait de ma vie, simple et tranquille.

B: Jacques, tu as vraiment beaucoup changé.

A: C'est la vie, peut-être.

A: 艾米莉！艾米莉！
B: 你好啊，雅克！没想到能在这里碰上你。
A: 你住在这个区？
B: 不是，我姨妈住在附近，今天周末我来看她。
A: 真是巧啊，咱们有八年没见面了吧。
B: 八年半了，毕业以后就没见过。你怎么样，这些年都忙什么了？
A: 毕业以后，我进了一家贸易公司做事，老板实在令人难以忍受，很快我就辞了职。接着我去了非洲，在贝宁的一个法国建筑公司工作了三年。后来，我回到国内，跟朋友合伙开了一家电脑公司自己做。
B: 啊，你当老板了，祝贺你！
A: 一家很小的公司而已。你呢？听说你去了美国？

B: 是的。我在法国国际广播电台作驻外记者，一直在纽约工作，只在假期的时候才回法国。

A: 艾米莉，你结婚了吗？

B: 结了，我在纽约遇到了我现在的丈夫，他是一个法国餐馆的大厨。我们结了婚，还有了一个两岁的儿子。你呢？

A: 我也结婚了。我的妻子克里斯蒂娜是小学老师，我们有了两个女儿，大女儿马上就要上学了。总之，我对现在的生活很满意，简单而平静。

B: 雅克，你真的变了好多。

A: 也许这就是生活吧。

Phrases complémentaires 补充句型

1. Quelle est ta spécialité? 你学什么专业？
2. Qu'est-ce que tu vas faire après tes études? 毕业以后你想干什么？
3. Je fais des études de biologie depuis deux ans. 我读生物专业已经两年了。
4. En général, il est plus facile de trouver un emploi lorsque l'on est étudiant en médecine. 一般来说，医科学生就业比较容易。
5. Je veux suivre trois cours à option. 我想选3门选修课。
6. En Chine, l'anglais est un cours obligatoire pour tous les étudiants. 在中国，英语是所有大学生的必修课。
7. L'université chinoise emploie le système U.V (unité de valeur). 中国的大学实行学分制。
8. La cuisine de notre restaurant universitaire est assez bonne, et pas chère du tout. 我们学校食堂的伙食不错，而且不贵。
9. Il y a une machine à café automatique dans le campus où le café coûte

seulement 0,7 euro. 校园的自动咖啡机，一杯咖啡只要 0.7 欧元。

10. À quelle heure la bibliothèque ferme-t-elle? Et combien de livres puis-je emprunter en une fois? 图书馆几点关门，我一次可以借几本书？

11. Je suis désolé de ne pas avoir rendu ces livres à temps. 很抱歉我没有能够按时还书。

12. Je voudrais prolonger l'emprunt de ces livres. 我想续借这几本书。

13. La photocopieuse qui est au coin est à votre disposition. 复印机在角落里，您可以自己复印。

14. Avec cette carte, vous pouvez emprunter les films et les documents audiovisuels. 您用这个证可以借看电影和其他声像资料。

15. La connexion Internet est gratuite. 英特网是完全免费使用的。

16. La Cité universitaire de Paris se situe près de la porte d'Orléans, au sud de Paris. 巴黎国际大学城位于城南的奥尔良门附近。

17. La Sorbonne est la plus ancienne université de Paris, soit Paris IV d'aujourd'hui. 巴黎最古老的大学是索邦大学，即今天的巴黎四大。

18. Le quartier Latin se situe sur la rive gauche de la Seine, où se concentrent beaucoup d'universités. 拉丁区位于塞纳河左岸，这里集中了很多的大学。

19. En France, avec le baccalauréat on peut s'inscrire à l'université; il ne faut pas passer de concours particulier. 在法国，注册普通的公立大学只要凭业士文凭就可以，不需要专门的考试。

20. Cette année, on organisera une soirée d'anciens élèves en l'honneur du dixième anniversaire de notre diplôme. 今年我们将搞一个老同学聚会，庆祝大学毕业十周年。

🔗 Les écoles des élites en France
　链接：法国的"精英学校"

　　Les Grandes Écoles sont une forme particulière d'éducation supérieure en France. Par rapport aux universités, elles offrent des « éducations d'élites », de plus haut niveau, beaucoup plus professionnelles. Un des leurs principaux caractères est la sélection stricte des étudiants, seulement 10% de diplômés du baccalauréat peuvent continuer leurs études dans les grandes écoles.

　　Les plus prestigieuses grandes écoles sont : l'École Polytechnique, fondée en 1794, N°1 de toutes les grandes écoles, elle forme pour la France des talents scientifiques et techniques; l'École Normale Supérieure de Paris, fondée en même temps que l'École Polytechnique, la seule grande école qui dispose de département de lettres et de département des sciences. Elle a eu déjà 10 lauréats du Prix Nobel, et 1 président de la République française (Georges Pompidou); l'École Nationale d'Administration, créée en 1945 par le Général de Gaulle, est une école spécialement conçue pour former des hauts gouverneurs, 2 présidents de la Républiques (Valéry Giscard D'Estaing et Jacques Chirac) et 7 premiers ministres (par exemple Dominique de Villepin) sont sortis de celle-ci; l'Institut d'Études Politiques de Paris, communément appelé «Sciences Po», est surtout réputé dans quatre domaines comme la politique, la sociologie, l'économie et l'histoire; HEC et ESCP-EAP sont deux écoles de commerce du premier rang en Europe; l'École des Mines de Paris et l'École Nationale des Ponts et Chaussées sont deux autres grandes écoles.

"大学校"是法国特有的一种高等教育形式。与普通大学相比，大学校提供的是高水准、专业化的"精英教育"。法国大学校的特点之一，是实行严格的选拔淘汰制，在法国能进入大学校的人数仅占高中毕业生人数的 10% 左右。

　　法国最著名的大学校主要有：巴黎综合工科学校，成立于 1794 年，在所有大学校里排名第一，不断为法国培养出最顶尖的科技人才；巴黎高等师范学校，与巴黎综合工科学校同年建立，是法国大学校里唯一文理科并存的综合性学校。迄今为止，巴黎高师共培养了 10 位诺贝尔奖得主，1 位共和国总统（乔治·蓬皮杜）；国立行政学院，1945 年由戴高乐将军创建，是一所专门培养高级领导人才的学府，两位共和国总统（吉斯卡尔·德斯坦和雅克·希拉克）和 7 位总理（比如多米尼克·德·维尔潘）都毕业于此；巴黎政治学院，通常被称为"Sciences Po"，在政治学、社会学、经济学和历史学四大学科领域享有很高的声誉；巴黎高等商业学院和巴黎商业高等学院 - 欧洲管理学院都是在欧洲名列前茅的商校；其他的"大学校"还有巴黎高等矿业学院和巴黎桥梁公路学院，等等。

UNITÉ 16 LES LOISIRS
第十六章　休　闲

1. La promenade dans Paris 漫步巴黎

A: Bonjour, Lingling.

B: Bonjour, Charles!

A: Tu t'es bien reposée?

B: Oui. Et puisque aujourd'hui c'est mon premier jour de visite de Paris, je suis très impatiente.

A: On y va tout de suite.

B: Par où commençons-nous?

A: Par « Le cœur de Paris », bien sûr!

B: Où est « le cœur de Paris »?

A: L'île de Cité. C'est l'origine de Paris, c'est autour d'elle que s'est développée la ville. La Seine est son écran naturel, qui la protège depuis des siècles. Tu connais la devise de Paris?

B: Non.

A: « Fluctuat nec mergitur », c'est-à-dire « Il tangue, mais ne sombre pas». Le bateau de Scilicet sur le blason, a des rapports avec l'histoire de Cité.

B: Le voilà.

A: Pourtant, pour avoir une impression complète de la ville, on va à la Tour Eiffel d'abord. De son sommet, nous pourrons avoir un panorama magnifique de la ville de Paris.

B: C'est formidable. Mais je crains d'avoir le vertige car elle est haute de plus 300 mètres!

A: Ne t'inquiète pas. Quand tu auras admiré le paysage, tu n'auras plus envie de redescendre.

A: 早上好，玲玲。

B: 早上好，夏尔！

A: 休息得好吗？

B: 很好。今天是我们漫步巴黎的第一天，我非常地期待。

A: 那我们马上出发。

B: 我们的漫步从哪里开始呢？

A: 当然是从"巴黎的心脏"开始！

B: "巴黎的心脏"在哪里？

A: 西岱岛。那是巴黎城的缘起，古老的巴黎就是以西岱岛为中心发展起来的。塞纳河是它的天然屏障，在几个世纪中保护着它。你知道巴黎的箴言吗？

B: 不知道。

A: "飘摇但不沉没"，市徽上的西里塞船，跟西岱岛的历史也有关系。

B: 原来如此。

A: 不过为了对巴黎有个整体的印象，我们先去埃菲尔铁塔，从塔顶可以俯瞰巴黎的美丽全景。

B: 太好了，不过我担心登上300多米的铁塔要头晕呢！

A: 别担心，当你看见巴黎城的美景的时候，就不想下来了。

2. En haut de la Tour Eiffel 在埃菲尔铁塔上

A: Maintenant, Paris est sous mes pieds. C'est magnifique!

B: Regarde, là-bas, au centre de la Seine, c'est l'île de Cité. La cathédrale avec une flèche est Notre-Dame de Paris, une ancienne construction gothique.

A: Tout le monde connaît Notre-Dame.

B: Parce qu'on connaît Victor Hugo.

A: C'est Victor Hugo qui fait connaître au monde entier Notre-Dame de Paris. Quand j'ai lu ce roman, j'étais tout petite. À vrai dire, je n'ai rien compris, mais j'ai quand même retenu le titre du roman et le nom de l'auteur.

B: Tout à l'heure, nous commencerons notre promenade par là. Savais-tu qu'elle n'est pas seulement le cœur de Paris, mais également le centre de la France. Il y a un point zéro devant l'entrée de Notre-Dame, qui sert de mesure pour la distance entre Paris et les quatre coins du pays.

A: Et l'île plus loin, qu'est-ce que c'est?

B: C'est l'île Saint-Louis, où on passera en bateau. Mais il n'y a pas grande chose d'intéressant.

A: Au nord, l'église blanche sur la butte, c'est l'église du Sacré-Cœur?

B: Exactement. Le Sacré-Cœur est sur Montmartre qui est le relief le plus haut de Paris, mais aussi un site pour dominer toute la ville.

A: Le Sacré-Cœur est tellement beau et brille au soleil!... Qu'est-ce que c'est, là, le dôme doré gigantesque?

B: C'est le dôme des Invalides qui couvre le cercueil de Napoléon, nous y allons plus tard. Et il y a un parc à côté, je suis sûr qu'il te plaira beaucoup.

A: Quel parc?

B: C'est un secret. Tu le sauras plus tard.

A: D'accord....Oui, je vois l'Arc de Triomphe, et l'obélisque de la Concorde.

B: On y passera après.

A: Je veux tout voir en un jour!

B: Quelle ambition! Paris ne s'est pas faite en un jour! Je vis ici depuis quarante ans, et tous les jours, je vois toujours quelque chose de nouveau.

A: Mais, j'ai seulement une dizaine de jours...

B: Ça ne fait rien, je t'emmènerai visiter un grand nombre de sites pour admirer le plus de paysage possible.

A: Merci, Charles. Avec toi, la promenade sera plus intéressante.

A: 啊，巴黎城现在在我脚下了。真的好美啊！

B: 看，那里，在塞纳河中间的就是西岱岛。岛上那个有尖顶的教堂就是巴黎圣母院，这是一座古老的哥特式建筑。

A: 人人都知道巴黎圣母院。

B: 那是因为人们都知道维克多·雨果。

A: 是雨果让巴黎圣母院为世人所熟知的。我看这本书的时候还很小，老实说一点儿没看懂，不过我还是记住了作家和作品的名字。

B: 待会儿我们就从那里开始漫步巴黎，你知道吗，那里不仅是巴黎的心脏，也是全法国的中心。圣母院门前有圆点纪念物，巴黎到各地的距离都是以此开始计算的。

A: 更远处的那个岛屿叫什么名字？

B: 圣路易岛，我们坐船的时候会经过那里，不过，圣路易岛上没什么好玩的。

A: 北面那个山丘上的白色建筑是圣心教堂么？

B: 没错，圣心教堂所在的蒙马特尔高地是巴黎城地势最高的地方，也是俯瞰巴黎的一个好去处。

A: 在阳光的照耀下，圣心教堂真的很美啊！……那个是什么？金光闪闪的巨大屋顶？

B: 那是荣军院的金顶，拿破仑的棺柩就在金顶之下。当然我们也会漫步到那里，而且我相信那附近有一个公园[1]会让你感兴趣的。

A: 是什么公园？

B: 先保密，到时你就知道了。

A: 好吧。……我看到了凯旋门，还有协和广场的尖方碑。

B: 我们的必经之处。

A: 真想在一天之内就把巴黎玩个遍！

B: 真是贪心啊！巴黎可不是一天建成的。我在此生活了四十年，每天都能感受到一些新事物。

A: 可惜我只有短短的十几天……

B: 没关系，我会尽我所能带你走更多的地方，看更多的风景。

A: 谢谢你，夏尔。有你的陪伴，巴黎漫步会有趣得多。

3. À la librairie 在书店

A: Après avoir visité la tour de Montparnasse, je te conduis en un bel endoit tout près d'ici.

B: Lequel?

A: La Fnac.

B: Qu'est-ce que c'est?

A: C'est une librairie.

B: C'est formidable! J'aime bien les librairies. Quand j'étais en Chine,

---

1 指位于瓦莱纳街的罗丹博物馆。

je passais souvent le week-end dans les librairies de Xidan ou de Wangfujing.

A: La Fnac est la plus grande librairie de France. En 2005, son chiffre d'affaires a atteint 4,3 milliard de euros, tu te rends compte!

B: Incroyable!

A: La Fnac vend non seulement des livres mais aussi du matériel audiovisuel, et des produits électroniques tels que les ordinateurs, des télévisions, de la Hi-fi etc. Il y a plusieurs Fnac à Paris, à la Défense, à la Place d'Italie, à Montparnasse.... Voilà on arrive.

B: Que de monde!

A: C'est toujours comme ça! Il y a encore plus pendant les jours fériés.

B: Les Français aiment la lire, c'est connu dans le monde. Et qu'est-ce que lisent les jeunes?

A: Ce n'est pas facile à dire en un mot. Chacun ses goûts. En général, à l'exception des livres spécialisés, on constate que les romans populaires, les biographies des grands hommes, et les livres à caractère historique sont les mieux accueillis. Ces dernières années, les romans traduits tels que *Harry Potter*, *Le Da Vinci Code*, *Mémoire d'une Geisha*, sont très populaires chez les Français, d'autant plus que la réalisation des films ont promu la vente des livres.

B: Et concernant la vente des grands livres qui ont gagné le prix Goncourt ou le prix Femina?

A: Ces livres possèdent un nombre de lecteurs et un marché fixe. Dans l'ensemble, la situation des ventes de livres primés est meilleure que celle des livres ordinaires, mais ce n'est pas comparable à la vente des livres populaires.

B: Là-bas, il y a *Trois jours chez ma mère* de François Weyergans, lauréat du prix Goncourt 2005, veux-tu le voir?

A: Je veux chercher d'abord quelques livres sur l'histoire de l'art européen, je reviendrai tout à l'heure.
B: D'accord, à bientôt.

A: 参观完蒙巴纳斯大楼，我带你去个好地方，离这里很近。
B: 什么地方？
A: FNAC。
B: 是什么？
A: 书店。
B: 太好了，我最喜欢逛书店。在中国的时候，我经常在西单、王府井的书店度过周末的时光。
A: FNAC 是法国最大的连锁书店。2005 年，全法国的 FNAC 在营业额达到了 43 亿欧元。你想得到吗？
B: 啊，真不可思议！
A: FNAC 不仅卖传统的纸质书，还经营声像产品、电子产品如电脑、电视、音响等。FNAC 在巴黎有好几家，如拉德芳斯、意大利广场，还有我们要去的蒙巴纳斯。……瞧，我们这就到了。
B: 这里好多人啊！
A: 这里一年四季都是如此，如果在节假日，更是人满为患。
B: 法国人喜欢读书，在全世界都是出了名的。现在法国的年轻人都喜欢看什么书？
A: 不好一句话概括，因人而异吧。大体上来说，除了专业书籍，也不外乎流行小说、名人传记、历史揭秘这几类，这几年，像《哈里·波特》《达芬奇密码》《艺伎回忆录》这些翻译小说很畅销，被拍成电影后更是带动了书的销售。
B: 那些获得龚古尔文学奖、妇女文学奖的作品销售情况如何呢？
A: 获奖图书有稳定的读者和市场，比一般的作品固然销售情况要好，但是无法与流行小说相比。

B: 那边有 2005 年龚古尔奖获奖作品，弗朗索瓦·维耶刚的《在母亲家的三天》，去看看吗？

A: 我想先去找几本有关欧洲艺术史的书，待会儿来找你。

B: 好的，一会儿见。

4. La rétrospective du cinéma 电影展

A: Il y a une rétrospective de la Nouvelle Vague au centre Pompidou, on y va!

B: D'accord, mais le centre Pompidou n'est pas une bibliothèque?

A: Si, mais ce n'est pas seulement une bibliothèque, c'est aussi un musée d'art moderne, un musée des documents de l'art du XXe siècle, il y a quelques salles de cinéma et de spectacle, et certaines salles d'exposition temporaire. Son nom entier est le Centre national de l'art et de culture Georges Pompidou.

B: J'ai compris.

A: On y organise souvent des expositions dont le billet est très bon marché. Les étudiants peuvent bénéficier de réduction à moitié prix. Dans cette rétrospective, on peut voir des films gratuitement, et rencontrer le grand réalisateur Claude Lelouch. Il n'est pas aussi connu que Godart ou Truffaut, mais il témoigne du développement du cinéma français depuis un demi-siècle.

B: Celui qui a dirigé *Un homme et une femme*?

A: Exactement, c'est son chef-d'œuvre. Mais c'est en 1966 qu'il a mis en scène ce film, lequel ne fait pas partie de la Nouvelle Vague.

B: Qu'est ce que c'est alors, « la Nouvelle Vague »?

A: Ce sont les films réalisés entre 1958 et 1962, par des centaines de jeunes metteurs en scènes français, dont les plus représentatifs sont *À bout de Souffle, les 400 coups, Hiroshima, mon amour*.

B: Pourquoi ce nom « la Nouvelle Vague »?

A: Truffaut prétend que c'est à cause de sa quantité, mais, on précise plutôt le choc contre la tradition Hollywood. La Nouvelle Vague est le plus profond et le plus vaste mouvement cinématographique du XXe siècle, dont l'influence existe jusqu'aujourd'hui.

B: Tu connais bien la Nouvelle Vague!

A: Un peu.

A: 蓬皮杜中心在举办一个新浪潮电影回顾展，一起去看看吧。

B: 好啊，不过蓬皮杜中心不是一个图书馆吗？

A: 蓬皮杜中心不仅仅是一个图书馆，还是一个现代艺术博物馆、一个20世纪艺术资料馆、另外还有几个电影放映和演出大厅以及一些临时展厅。它的全称是"国立乔治·蓬皮杜艺术和文化中心"。

B: 原来如此。

A: 蓬皮杜中心经常举办主题展览，门票很便宜，学生还可享受半价。这次新浪潮电影回顾展除了有免费的电影看以外，还可以见到大导演克劳德·勒鲁什。他虽然不像戈达尔或者特吕弗那么有名，却见证了半个世纪来法国电影的发展。

B: 是那个拍摄了《一个男人和一个女人》的导演吗？

A: 没错，这是他的代表作，不过《一个男人和一个女人》的拍摄时间是在1966年，已经不算是新浪潮的电影了。

B: 那什么是"新浪潮电影"呢？

A: 基本上是指1958年—1962年这个期间近百名法国年轻导演所拍的片子，其中以《筋疲力尽》《400击》《广岛之恋》等为代表。

B: 为什么叫"新浪潮"呢？

A: 特吕弗说是因为数量多，而一般认为是它所带来的反好莱坞传统的冲击。新浪潮是二十世纪影响最广泛最深刻的电影运动，甚至影响到了今天。

B: 看来你对新浪潮电影很了解嘛。

A: 略知一二吧。

5. Le musée d'Orsay　奥赛博物馆

A: Après avoir visité tant de musées à Paris, j'adore le Musée d'Orsay.

B: Pourquoi?

A: D'abord, par son architecture. Les parisiens ont transformé une vieille gare abandonnée en un musée magnifique. Quelle imagination! Et aussi parce que je m'intéresse beaucoup à ses collections, notamment les peintures impressionnistes.

B: Le Louvre ne te plaît pas? C'est le premier musée au monde!

A: Il me plaît, mais il est trop grand, plein d'objets d'art, et surtout il y a toujours tant de monde, c'est fatigant de faire un tour. De plus, je préfère l'art de la deuxième moitié du XIXe siècle, les impressionnistes, les statues de Rodin, Carpeaux, Pompon. Orsay collectionne justement des objets de cette époque, soit de la Deuxième République à la Première Guerre mondiale.

B: À part les peintures impressionnistes et les statues, qu'est-ce qu'il y a d'autres?

A: Les peintures d'autres écoles, des statues, de la décoration et les meubles, les plans de construction et des photographies.

B: Quels sont tes favoris?

A: J'aime beaucoup *le moulin de Galette* de Renoir, *les cathédrales de*

Rouen, série de Monet, et *l'Ours blanc* de Pompon.

B: Il me semble qu'ils méritent une visite.

A: Si tu vas le visiter, tu peux choisir le premier dimanche du mois. Ce jour-là, tous les musées nationaux de Paris sont ouverts au public gratuitement.

B: Super! Je ne le raterai pas!

A: 参观了这么多巴黎的博物馆，我最喜欢奥赛博物馆。

B: 为什么呢？

A: 首先是因为这个建筑。巴黎人把被废弃的火车站，改造成了闻名遐迩的博物馆，真是太有想象力了！第二是因为它的展品，其中最吸引我的是印象派绘画。

B: 你不喜欢卢浮宫吗，卢浮宫可是世界顶尖的博物馆！

A: 不是不喜欢，但卢浮宫太大了，展品又多，游客也多，参观起来很累。而且，我偏爱19世界下半叶的艺术，印象派绘画，罗丹、卡波、蓬朋的雕塑，奥赛正好收藏了这一时期的艺术品，也就是从法兰西第二共和国至第一次世界大战前这个时期的艺术品。

B: 除了印象派绘画和雕塑，奥赛里还有些什么展品？

A: 还有其他流派的油画、雕塑、装饰作品，以及家具、建筑设计和摄影作品。

B: 你最欣赏哪些？

A: 最喜欢雷诺阿的《加莱特的磨坊》，莫奈的《鲁昂教堂》系列，以及蓬朋的雕塑作品《白熊》。

B: 看来真值得看一看呢。

A: 如果你去参观，可以选择每个月的第一个周日，这一天全巴黎的国立博物馆都免费向公众开放。

B: 那太好了！我一定不要错过了。

6. Un match de football   足球比赛

A: Jacques, à quelle heure commence le match entre la France et la Bulgarie?

B: À 7 heures du soir.

A: Allume la télé, c'est seulement dans une demi-heure.

B: Ne t'inquiète pas, on a encore le temps, on peut manger quelque chose avant. À ton avis, qui va gagner?

A: La France bien sûr!

B: As-tu oublié qu'en 1993, nous avons été battus et éliminés par les Bulgares?

A: Cela s'est passé il y a plus de 10 ans. Aujourd'hui, l'équipe de France est la championne d'Europe et du monde en titre.

B: Mais les principaux joueurs sont âgés, et leur forme physique m'inquiètent. Les joueurs de la nouvelle génération n'ont pas d'expérience, leurs performances ne sont pas constantes.

A: Henri et Viera n'ont que 30 ans environ, ils sont en bonne forme physique. Quant à Zidane, malgré son âge de 34 ans, une fois qu'il est sur le terrain, ses adversaires sont troublés.

B: Par rapport à l'équipe bulgare, nos joueurs de couloir sont faibles, bien que nous ayons des attaquants, des milieux du terrain et des défenseurs de premier rang. Je m'inquiète que nos deux couloirs deviennent leurs points d'attaque.

A: As-tu oublié Ribéry? Je croie beaucoup en lui.

B: Le milieu du terrain gauche de Marseille?

A: Exact.

B: Mais il est petit et c'est difficile, avec sa taille, de se mesurer aux joueurs de l'Europe de l'Est.

A: Il court très vite, il est habile et surtout il est intelligent. Le sélectionneur Doménech a beaucoup confiance en lui.

B: Peut-être tu as raison, mais je te trouve trop optimiste. Les joueurs d'Europe de l'Est sont forts physiquement et techniquement, et difficiles à vaincre.

A: Jacques, je parie que ce sera un massacre, au moins 3:0.

B: Bon, regardons le match. Nous aurons le résultat dans 90 minutes.

A: 雅克，法国对保加利亚的比赛几点开始？

B: 七点。

A: 快打开电视，离直播只有半小时了。

B: 别着急，还有些时间，先吃点东西。你觉得谁能赢？

A: 当然是法国队。

B: 你忘了1993年我们曾输给保加利亚，而且被淘汰了吗？

A: 那是十几年前了，现在的法国队可是一支有着欧洲冠军加世界冠军头衔的队伍。

B: 可是那些主力队员的年龄都大了，体力很令人担心。新一代的球员又缺乏经验，发挥不稳定。

A: 亨利、维埃拉不过30岁上下，体力没问题。齐达内虽然34了，但只要他在场上，就会令对手很头疼。

B: 跟保加利亚队相比，我们的边路比较差，虽然我们有一流的射手、中场和后防线，但是我很担心边路会成为对方的攻击点。

A: 别忘了，我们还有里贝里，我对他充满信心。

B: 那个马赛队的左前卫吗？

A: 没错。

B: 可是他身材矮小，跟高大的东欧队员对抗会比较吃亏。

A: 但是他速度快，动作敏捷，而且很聪明。主教练多梅内克也很看重他。

159 •

B: 或许你说的有道理，不过我还是觉得你太乐观了。东欧队员身体和技术都很好，不容易战胜。

A: 雅克，我敢跟你打赌，这绝对是一场屠杀，至少 3∶0。

B: 好吧，咱们看球吧，90 分钟后就见分晓了。

Phrases complémentaires 补充句型

1. Paris est une ville qui a une histoire de plus 2000 ans. 巴黎是一座有两千多年历史的城市。
2. Combien coûte le billet? 门票多少钱？
3. Regardez bien cette sculpture de Rodin, quelle est la différence entre les trois hommes? 请注意罗丹的这件雕塑，这三个人有什么不同？
4. Y a-t-il des plans? 这儿有导游图吗？
5. Quel est notre itinéraire de visite aujourd'hui? 我们今天的参观路线是什么？
6. Désolé, ce ne sont que les étudiants moins de 26 ans qui peuvent profiter de la réduction. 对不起，26 岁以下的学生才能享受打折优惠。
7. En mai, je veux prendre mes vacances sur la Côte d'Azur, car c'est en même temps que le festival du Film de Cannes. Si j'ai de la chance, j'aurai peut-être l'occasion de rencontrer des stars. 我想去蓝色海岸度假，五月份正值戛纳电影节开幕，如果运气好，还能见到大明星。
8. La vie est très chère à Paris, n'est-ce pas? 巴黎的生活费很贵，是不是？
9. Normalement, les musées de Paris sont fermés le lundi. 巴黎的博物馆一般都是周一闭馆。
10. Il y a un concert symphonique à l'Opéra, et le billet n'est que de 10 euros. 歌剧院有交响乐演出，门票只要 10 欧元。

11. On dit que c'est au Stade de France qu'a lieu le match final du championnat d'Europe cette année. Tu peux avoir des billets? 听说法兰西体育场将作为今年欧洲冠军杯的决赛场地，你搞得到票么？

12. Parmi les joueurs de football français, Zidane est le plus aimé, ensuite c'est Henri. 法国足球运动员里，我最喜欢的是齐达内，其次是亨利。

13. Le Tour de France est un des événements sportifs internationaux les plus importants de France, son parcours change tous les ans, mais l'arrivée se fait toujours à Paris. 环法自行车赛是法国最重要的国际体育赛事之一，每年比赛的路线都有所不同，但终点一般都在巴黎。

14. Le ski est un sport très populaire en France. 滑雪也是法国人喜爱的运动之一。

15. Le Louvre qui était le palais royal, est devenu le musée national de France. 卢浮宫原来是王宫，后来成为了法国国家博物馆。

16. J'aime les chansons de Nana Mouskouri. Cette chanteuse est d'origine grecque 我喜欢听娜娜·莫丝古丽的法语歌，这位歌唱家原籍希腊。

17. Le week-end, je me promène sur les quais de Seine, chez les bouquinistes. 周末，我常去塞纳河边的旧书摊逛逛。

18. Est-ce que tu aimes les films de Luc Besson? 你喜欢吕克·贝松的电影吗？

19. Astérix et Obélix sont des personnages très connus dans les légendes françaises. 阿斯特里克斯和奥贝利克斯是法国民间传说中的著名人物。

20. Est-ce que tu as lu *le Petit Prince* de Saint-Exupéry? 你读过圣·埃克苏佩里的《小王子》吗？

🔗 Le Festival International du Film de Cannes
链接：戛纳国际电影节

  Le Festival de Cannes, créé en 1946, est un des cinq festivals internationaux du film les plus connus du monde. Chaque année au mois de mai, Cannes, une petite ville côtière située au sud-est de la France, devient le point d'attention des médias et des fans du cinéma du monde entier. À partir de 1955, le « Grand Prix du Festival » est remplacé par «la Palme d'Or », dont la première est attribuée à Delbert Mann, réalisateur américain, pour son film *Marty*. Il remporte l'Oscar la même année. Le réalisateur chinois Chen Kaige gagne la Palme d'Or en 1993 avec son film *Adieu, ma concubine*. Et les acteurs chinois Ge You et Liang Chaowei (Tony Chiu-Wai LEUNG) ont obtenu le prix d'interprétation masculine grâce à leurs performances respectives dans *Vivre* en 1994 et In *The Mood For Love en* 2000.

  戛纳国际电影节创办于1946年，是世界五大电影节之一。每年5月，戛纳这个位于法国东南部海滨的小城都会成为全世界媒体和影迷关注的焦点。1955年起，电影节最高奖由"电影节大奖"改为"金棕榈奖"，第一个获此殊荣的影片是美国导演德尔伯特·曼执导的《马蒂》（也译作《君子好逑》），他还凭借此片获得了当年的奥斯卡奖。中国导演陈凯歌执导的《霸王别姬》曾于1993年加冕"金棕榈"，而中国演员葛优、梁朝伟则分别凭借在《活着》和《花样年华》的精彩演技荣获1994年和2000年的戛纳国际电影节"最佳男演员奖"。

Le Stade Roland Garros 链接：罗兰·加洛斯网球场

  En 1928, pour permettre aux « quatre mousquetaires » (René Lacoste,

Jean Borotra, Henri Cochet et Jacques Brugnon) de défendre la coupe Davis sur un terrain qui mérite cette gloire, la mairie de Paris a construit le stade Roland Garros près de la porte d'Auteuil au sud-ouest de Paris. Les « quatre mousquetaires » ont réussi à remporter la coupe après avoir battu pour la deuxième fois consécutive l'équipe américaine. L'année suivante, l'équipe française ayant réussi à réaliser un triplé, le stade Roland Garros est ainsi devenu le symbole du tennis français.

Les Internationaux de France de tennis, créés en 1891, sont un des quatre plus grands tournois de tennis du monde, dont le seul sur terre battue. Ils ont lieu chaque année entre mai et juin, accueillent tous les ans environ 500 joueurs et près de 400 000 spectateurs. Bien que peu de joueurs français y remportent la victoire depuis une vingtaine d'années, le public français est toujours enthousiaste. Ils sont l'une de leur fierté comme le Tour de France, et une partie inséparable de leur vie.

Le stade a été nommé Roland Garros pour rendre hommage à cet aviateur légendaire (1888—1918). Il a été le premier à traverser la méditerranée en 1913 et il a remporté également 3 records d'altitude sur le continent américain. Au cours de la première guerre mondiale, il a été le premier pilote à avoir tiré à la mitrailleuse de son avion. Il est mort dans un combat aérien en 1918 à l'âge de 30 ans.

1928年，为了让夺得"戴维斯杯"网球赛冠军的法国的"四个火枪手"：勒内·拉克斯特、让·博罗特拉、亨利·科谢和雅克·布吕尼翁，能够在一个配得上"戴维斯杯"的场地上卫冕，巴黎市政府在城市西南奥特伊门附近建成了罗兰·加洛斯网球场。四个火枪手果然不负众望，再次击败美国队，蝉联了戴维斯杯冠军。次年法国队第三次夺得冠军，罗兰·加洛斯网球场从此成为法国网球的标志。

法网始创于1891年，是世界网球四大满贯赛事之一，也是其中唯一的红土场地赛事。法网比赛每年 5、6 月间进行，目前每届约有 500 名球手参加，吸引 40 万观众到场观看。尽管近 20 年来，很少有法国人能赢得冠军，但是法国人对这项赛事的热情丝毫不减。它和环法自行车比赛一样是法国人的骄傲，是法国人生活中不可缺少的一部分。

"罗兰·加洛斯网球场"的得名是为了纪念法国历史上一位传奇飞行员罗兰·加洛斯（1888—1918）。他于 1913 年首次完成了跨越地中海的飞行，他还三次在美洲大陆打破飞行高度的纪录。第一次世界大战中，他是第一个用机关枪在飞机上射击的飞行员。1918 年，他在一次空战中牺牲，年仅 30 岁。